すぐ使える！

中学受験マンダラチャート

詳しくは6ページ

★切り取るかコピーしてお使いください。

		思考力	
思考力			
時間配分		時間配分	
論述力・読解力			
		論述力・読解力	

子どもの

声かけの〇

「おませ」タイプ

〇 頑張って勉強して、あなたがヒーロー・ヒロインになるんだ!

〇 賢くなると、弱い人を助けてあげられる人になれるよ

〇 SNSのプロフィール欄に〇〇大卒って書くところを想像しよう

✕ 勉強したら、将来儲かるよ

✕ 〇〇校に行って、△△ちゃんに勝とう

「ぼっちゃん」タイプ

〇 いい学校に行くと、好きなことをもっと高いレベルでできるよ。レベルの低い子と同じ教室にいるの、嫌じゃない?

〇 あなたが尊敬している△△さんも勉強したほうがいいと言っていたよ

〇 君の理解者はきっと現れるし、そういう学校に行ったらいい

✕ 普通の人は〇〇する。あなたも〇〇しなさい

✕ 勉強しないと、〇〇になっちゃうよ

タイプ別

×ポイント 受験勉強編

詳しくは154ページ

「委員長」タイプ

- ○ コスパ最強は東大だよ
- ○ 医者とか官僚とかってすごいよね
- ○ 勉強しないとダサいことになるよ
- × 他人の気持ちを考えなさい
- × 学歴やお金だけが全てじゃない

「かたぶつ」タイプ

- ○ コレとコレをすれば偏差値60までいくんだよ
- ○ 今できないのは、正しいやり方でやってないから。やり方を研究してみたら?
- ○ 良い学校に行けば同じ趣味の子に出会えるよ
- × 一緒にやろうよ
- × 塾の先生に聞いてみたら?

	体づくり・習慣			ケアレスミス撲滅	
			体づくり・習慣	ケアレスミス撲滅	
	メンタル		メンタル	志望校合格	時
			人間性	運	
	人間性			運	

予約殺到の東大卒
スーパー家庭教師が
教える

中学受験
奇跡を引き出す
合格法則

長谷川智也
（ジュクコ）

KODANSHA

はじめに

中学受験の奇跡は偶然ではない、「必然」で起こす！

　僕はフリーランスの家庭教師として、中学受験に挑む家庭を訪問して25年。ここ数年は、1年でのべ300軒の受験コンサルティング「究極の受験セカンドオピニオン・スーパーコンサル」（約2時間の単発受験アドバイス）で各家庭にお邪魔していますので、たくさんの受験生とその親たちの悲喜こもごもを目撃し、また見守ってきました。

　特に入試本番を迎える毎年1月から2月は、もっともドラマが起きて、僕も本気で胃が痛む季節です。

　受験シーズンに入る前、

「今年はこんな感じの戦績になるだろうな」

とは、ある程度自分の中で予測できます。プロとしての「読み」は、大きく外れることはありませんし、その年ごとの誤差はあれ、年々精度を上げてきていると自負しています。

しかし、中学受験は甘くはない。想定外の出来事が起こりうるのも、また「想定内」です。

これまでの成績は悪くなかったのに、まるで魔物に取り憑《つ》かれたかのように、不合格の連鎖に陥ってしまう子もいます。

その一方で、

「おお、あの子が、あの学校の合格を勝ち取ったか！」

と驚かされるような、ミラクル合格を果たす子も出てきます。

偏差値10以上、上の学校に合格を果たす「ジャイアントキリング」、うれしい番狂わせのドラマは、そう簡単には起きないけれど、決して少なくもありません。

そういえば昨年度も、

「信じられない。合格しました」

と、Aくんのお母さんのメールが一言、スマホに入ってきた時は、僕も思わず声を上げました。

Ａくんは最後の模試で偏差値46（日能研）。塾の先生から「受けるのはおすすめしない」と言われたという偏差値58の某名門男子校の合格を取ったのです。

この快挙に僕自身も、うれしい驚きはあったものの、

「やはり、そうなったか」

という思いもありました。

中学受験で、最後に奇跡を起こす親子には、ある共通した要素があります。それらに、Ａくんとそのお母さんは、いくつも当てはまっていたからです。

そこで、この本では、**これまでに僕が見てきた、**

「この家庭はうまくいきそうだな」

と感じ実際にそうなった、共通の「合格法則」を集めて公開することにしました。

さて、ここでもう一つ、お話ししておきたいことがあります。それは、**「偏差値10以上、上の学校に合格する」ことだけが、中学受験における奇跡ではない**という

ことです。

よく考えてみてください。遊びたい盛りの小学生が我慢して、受験勉強をするのです。

最後まであきらめずに勉強を続け、志望校に順当に合格する。それだけで十分に「奇跡」です。

まずはそのことを、僕を含めて、周りの大人たちはしっかりと胸に刻まなくてはいけません。


さて、中学受験という理不尽な戦いの中で、合格という奇跡を最後に勝ち取る子と、そうでない子。みんなほぼ同じように努力をしているはずなのに、この差は何からくるのか?

僕はこのテーマをずっと検証し続けているのですが、最初の著書では、一つの法則を「自走モード」と名付けて紹介しました。

今回、本書で挙げていく奇跡実現の「法則」は、自走モードも踏襲しつつ、家庭の雰囲気、親子のメンタル面など、より広く細部にわたります。

どうしてその現象が「合格」を引き寄せるのか。出版にあたり改めて理由や要因を分析したのですが、どの法則にもしっかりと「必然性」がありました。

今行き詰まっている中学受験生の子どもたち、そして、そのお父さん、お母さんたちへ。

中学受験の奇跡は偶然では起こりません。「必然」で起こしていけます。

必然である以上、どの家庭も行動を正しく起こせば、奇跡（志望校合格）は必ず引き寄せられる。この本では、そのためのヒントを、ごく小さな法則から大きな法則まで、余すことなく紹介していきたいと思います。

大谷翔平選手のマンダラチャートでひらめいた

中学受験の「奇跡」、志望校合格。これを実現するには、子ども自身の、勉強面での努力は不可欠です。まずは正しく学力をつけることが要諦であり、これについては、プロの家庭教師として長年のノウハウと見識をこれまでもお伝えしていますし、この本でもポイントをふんだんに紹介していきます。

でも長年多くの受験生を見てきて、それだけではどうも奇跡は実現されにくいのだと、僕は気づいています。

先ほどお話しした、家庭の雰囲気もそうですし、一見勉強とは関係のないような生活習慣、その子の人格、運としか言いようがないめぐり合わせ……。これらも総合的に作用して、初めて合格が達成されます。特に、最後の最後に「ミラクル合格」を勝ち取るタイプは、すべからく、この法則に当てはまります。

「正しい学力、生活習慣、人格、運……、この話、何かに似ているなあ」

と、あれこれ考えている時に、僕はふっとひらめきました。メジャーリーガーとなって大活躍中の、大谷翔平選手の**「マンダラチャート」**です。

メディアで有名になったので、ご存知の方も多いと思いますが、大谷選手が花巻東高校時代に、目標達成シートとして、9ページのようなマンダラチャートを作っていました。

まず、真ん中に「自分の成し遂げたいこと」を書く。

次に、その周りの8マスに「成し遂げたいこと」を達成するために必要な「要素」を書く。

そして、その周りに「8つの要素」を得るために必要な「8つの行動目標」を書いていく。

大谷選手の「8球団ドラフト1位」という大きな大きな夢の周りを埋めていたのは、

1体づくり、2コントロール、3キレ、4スピード、5変化球、6運、7人間性、8、メンタル

でした。

そして言うまでもなく、彼はその後、ドラフト1位（実際は日本ハム単独1位指名）を達成し、今は日本だけでなくアメリカの人たちにも、もっともっと大きな夢に向かう姿を見せ続けてくれています。

当時高校生であった大谷選手が、コントロールやスピードといった技術面もさることながら、運や人間性、メンタルまで含めて目標達成の要素として考えていたのは、「さすが」としか言いようがありません。関わった指導者の視点の高さ、素晴

体のケア	サプリメントを飲む	FSQ 90kg	インステップ改善	体幹強化	軸をぶらさない	角度をつける	上からボールをたたく	リストの強化
柔軟性	**体づくり**	RSQ 130kg	リリースポイントの安定	**コントロール**	不安をなくす	力まない	**キレ**	下半身主導
スタミナ	可動域	食事 夜7杯 朝3杯	下肢の強化	体を開かない	メンタルコントロールをする	ボールを前でリリース	回転数アップ	可動域
はっきりとした目標、目的を持つ	一喜一憂しない	頭は冷静に心は熱く	**体づくり**	**コントロール**	**キレ**	軸でまわる	下肢の強化	体重増加
ピンチに強い	**メンタル**	雰囲気に流されない	**メンタル**	**ドラ1 8球団**	**スピード 160km/m**	体幹強化	**スピード 160km/m**	肩周りの強化
波をつくらない	勝利への執念	仲間を思いやる心	**人間性**	**運**	**変化球**	可動域	ライナーキャッチボール	ピッチングを増やす
感性	愛される人間	計画性	あいさつ	ゴミ拾い	部屋そうじ	カウントボールを増やす	フォーク完成	スライダーのキレ
思いやり	**人間性**	感謝	道具を大切に使う	**運**	審判さんへの態度	遅く落差のあるカーブ	変化球	左打者への決め球
礼儀	信頼される人間	継続力	プラス思考	応援される人間になる	本を読む	ストレートと同じフォームで投げる	ストライクからボールに投げるコントロール	奥行きをイメージ

大谷翔平選手が高校1年生の時に作ったマンダラチャート

※FSQ, RSQは筋トレ用マシンの名称
※引用元:スポーツニッポン2013年2月2日
https://www.sponichi.co.jp/baseball/news/2013/02/02/kiji/K20130202005110330.html

らしさに感嘆してしまいます。

僕がお伝えしたい話も、これの「中学受験版」と考えると、ピッタリ当てはまりました。

（8球団ドラフト1位）→**志望校合格**

❶（体づくり）→**体づくり・習慣**

❷（コントロール）→**ケアレスミス撲滅《ぼくめつ》**

❸（キレ）→**思考力**

❹（スピード）→**時間配分**

❺（変化球）→**論述力・読解力**

❻（運）→**運**

❼（人間性）→**人間性**

❽（メンタル）→**メンタル**

そこで、皆さんにも合格の夢を果たすために、このマンダラチャートをぜひ使ってみてほしいです。

まずは「志望校合格」に向けて、これに沿って、お子さん自身が自分なりの行動目標を埋めてみてください。また親御さん自身も、お子さんの合格に向けて、（お子さんではなく）ご自身ができる行動は何かを考えてほしいのです。

まずは中学受験について、8方向から「考えてみる」「できることを挙げてみる」「文字にして目に見えるようにする」。あらゆる方面から思考して、自分たちなりの戦略を考える、その主体的な作業こそが、合格のために必要な行動そのものです。

この本には、直接書き込みできる「中学受験マンダラチャート」も巻頭付録としてつけましたので、コピーするなどして、どんどん利用してください（なお、記入する順番や書き方など厳密なルールはここでは取り上げません。気になる方は、インターネットやマンダラチャートに関する本などで調べてみてください）。205ページには教え子家庭の実例も紹介しています。

もし今、〝中学受験スランプ〟に陥っているならば、何かしらの風穴をあけてくれるはず。ぜひやってみましょう！

「合格」は小さな行動の積み重ねから

大谷選手は、アメリカの球場での試合中も、ゴミを拾ってはポケットに入れる姿が知られています。ここで彼の過去のマンダラチャートを見ると、「運」に必要な要素として、すでに「ゴミ拾い」と書かれています。大谷選手は具体的で小さな行動を実践してこそ、夢は実現するということを体現しています。

皆さんが「中学受験マンダラチャート」で空欄の64マスを埋めていくのは、ちょっと大変かもしれません。

けれども、どんな小さな行動でも良いですし、むしろ、すぐにできる小さな行動こそがいい。自分たちなりの行動プランを、自由に発想してみてください。

これから、合格する親子の「法則」を挙げていきます。

すぐ真似のできる行動はそのまま取り入れてOKです。また、すぐにはできそうもない、わが家には合わない、と感じる法則でも、「この方向性で、このレベルくらいならできるかな」と思う簡単な行動まで下げてみる。そのようにして、マンダラチャートをまずは完成させて、実践してみましょう。第3章では、実際に書いてもらった例も載せました。

また、**実践するのはどの行動からでも、全部やり切れなくても大丈夫**です。その積み重ねこそが、勝ちにつながっていきます。

中学受験は「やらされている」と思えば、どこまでも辛くなります。ですが、このマンダラチャートをきっかけに、親も子も、一瞬でも主体的になれる時間があれば、それだけで意味があり現実も動き出すと、僕は確信しています。

1 体づくり・習慣

2 ケアレスミス撲滅

3 思考力

4 時間配分

運気UP!!

7 人間性

8 メンタル

第3章 中学受験を超えて、人生の奇跡を起こす法則

装丁デザイン 小口翔平＋神田つぐみ（tobufune）
本文デザイン 山原望
本文イラスト 成瀬瞳
構成 向山奈央子

第1章

「運命の1校」を見い出す法則

本人の「中学受験をしたい」を大前提とする

マンダラチャートのど真ん中は「志望校合格」。この大いなる夢に向かって、まずは、関連する法則をお伝えしていきましょう。

「JG（女子学院）の校風が素晴らしい。ぜひとも行かせたい」

「聖光学院とか行ってくれたらいいなあって」

中学受験をすると決めたら、「あの学校に行けたら……」と、どの家庭でも夢が広がるもの。僕としてはもちろん、シンプルに、行きたい学校を目指して、夢に向かって勉強してほしいです。

でも時々、好きな言い方ではないし僕は絶対に口にしませんが、少し皮肉めいて、このように言いたくなることがあります。

「それって、あなた（親）の願望ですよね？」

今一度、あなたのお子さん自身が「中学受験を、本当にしたい」のかどうか。わが子の意志が何をおいても大前提となるので、確認してください。

もしかして、親の「中学受験をさせたい」「○○中学に入れたい」だけが先走っていませんか？

もしもお子さんの本心が「中学受験をしたくない」ならば、はっきり言ってやめたほうがいいです。中学受験は心身ともにハードですから、辛い勝負を強いると、親子ともに消耗してしまいます。良い結果も決して得られないでしょう。高校受験でも良い人生は送れます。

また無理に受験させて、ご縁のある学校があったとして、そこに毎日通うのはお子さん自身です。親ではありません。近い将来、別の形で、親子関係にひずみが出る可能性が極めて高くなりますし、そのような家庭も残念ながら見てきました。

もちろん、お子さんはまだ小学生。友達の影響などでなんとなく「中学受験をしたい」と言って勉強を始めたけれど、あまりの過酷さに音《ね》を上げて、「もう嫌だ。やりたくない」と言い出すことは、どの家庭でもとてもよくあることです。

親としては「自分から、やりたいって言ったんでしょ！」などと責めたくなるかもしれません。

しかし、それはモチベーションの波の問題。親は子どもを励ましたり、相談に乗ってあげたりすればいいのです。本当にお子さんが中学受験をしたいならば。

問題は、やる気以前に、そもそもお子さん自身が、本当に中学受験をしたいのかどうか。特別に立派なことでなくても、うまく話せなくても、その子なりに理由があるのかどうか。もし「したくない」のならば、それなりの理由もまた、あるかもしれません。

もちろん、親御さんが、大人としての見地から「中学受験」のメリットや自分の希望を、冷静に、おだやかに伝えるのはいいです（メリット・デメリットは僕の前著2冊にも書いていますから、ぜひご参照ください）。親の考えを伝えたら、必ずお子さんの思いや意見も聞き、受け止めましょう。

決して親の希望を押しつけないこと。子どもは親の顔色を見ますから、無意識に忖《そん》度《たく》させないこと。今の時点で具体的な志望校は違っても、せめて親子で同じほうを向いていること。親御さんは何度でも自問を続け、意思疎通を図ってください。奇跡を願う前に、それが全てにおける大前提です。

「絶対開成」「何がなんでも桜蔭」などは言わないほうがうまくいく

中学受験に向かって意志を確認し合っていても、志望校を選ぶ段階で、親子の好みが違うことはとてもよくあります。

例えば、親が筑駒に行かせたくても、子どもが麻布に惚れ込んでいたり、また親が女子校に行かせたくても、子どもが男女共学に行きたがっていたり、などです。

いずれにしても、親子ともに妙なこだわりは捨てて、「A校もいいけど、B校もいいよね。C校もいいかも」とおおらかに言い合える家庭のほうが、結果的に、受験はうまくいきやすい。これは断言できます。

前著でも書きましたが、中学受験業界では「絶対○○」「何がなんでも○○」などという表現がわりと浸透しています。実際、そのように銘打った塾のコースもあり、確信犯的にモチベーションを煽《あお》る分には良いとは思います。

でもこのような言い方を家の中でくせにしていたり、また「絶対渋渋合格」などと、机に貼り紙をしていたりする子ほど、なぜか入試本番でしくじりがちです。

僕が思うに、**「絶対〇〇」「何がなんでも〇〇」という考え方は、精神的に力みを生んでしまいます**。それが本番で、思わぬ形でつまずきの元になってしまう。受験生が団子状に合格最低ラインに並んだ時には、たった一つのミス、たった1点の差が運命を分けてしまいます。

スピリチュアル的には「強く願うと夢は叶《かな》う」という考え方があるようですが、僕はこと受験においては**「強く固執して願うほど夢は遠のく」**と思います。

そもそも、今は少子化で、中高一貫校は熾烈《しれつ》な生徒獲得競争の中にあります。現在知名度や偏差値はそれほど高くなくても、熱心な経営努力で、これから大きく伸びるであろう学校は多々あります。そこに目を向けようともせずに、一つの学校に固執するのはもったいないですし、その態度が理知的ではありません。**なぜ一つの学校に固執するのかを考えると、何のために中学受験をするのか、誰のための中学受験なのか、というところまで見えてくる**でしょう。

ちなみに「絶対〇〇」「何がなんでも〇〇」系思考の家庭の子どもには、僕の指導やアドバイスも100％は届かない、と感じることが多いです。

例えば、「途中式を書くようにするとええよ」「問題文には線を引こう」などと僕がアドバイスしても、頑固でなかなか実行しようとしない子が多いです。これでは伸びるものも伸びません。

このように書いていて、ふと、こだわりのない、おおらかな家庭の子として、Bくんのことを思い出しました。

Bくんは少し恥ずかしがり屋さん。明るくて強いお姉ちゃんの横で、いつもニコニコと控えめにしていて、僕はこっそり「ハニカミ王子」と名付けていました。

116ページでも紹介しますが「『ハリー・ポッター』全巻を読むと合格する」という、僕が発見した「法則」を実証した、始まりの一人でもあります。

僕が最初に指導に入った時点で、サピックス偏差値34。国語が壊滅的にダメだったので、とりあえず読書のきっかけとして、ハリー・ポッターをすすめてみました。前年にBくんと似たタイプの子が好きで読んでいて受験の結果も良かった、という話をしたのです。すると、すぐに真似をして読み始めてくれました。

またBくん自身もお母さんも、もともと海城を熱望していました。けれども僕はプロとしての見解で、Bくんは巣鴨の出題傾向が合っているし、合格の可能性も高まるだろうと思いました。

僕が慎重にお話しすると、お母さんは、

「本人がいいと思う学校であればどこでもいい。先生からお話ししてみて」

と、あっさりしたもの（熱望していたはずでしたが……笑）。そこで、僕が巣鴨のホームページをBくんに見せてみました。すると、

「あ、この学校、なんかいいかも。巣鴨なら僕、中高6年間戦える気がする」

と、目を輝かせました。

Bくんはその後、偏差値を52まで伸ばし、巣鴨を受けて見事合格、入学を果たしました。

Bくんもお母さんも、そして強気のお姉ちゃんも、際立っていたのが「おおらかさ」。あまり細かいことを気にしない、こだわらない家庭の雰囲気が、結果として奇跡の合格を引き寄せた好例のように思います。

「わが子は勉強してくれている」と親が言える家庭の子は合格する

僕の「究極の受験セカンドオピニオン・スーパーコンサル」とは、1回約2時間、単発で行う指導メニューです。受験生家庭を訪問し、直近の模試やテストの結果を見せてもらって課題を見つけ、志望校合格に向けてその子向けの戦略をアドバイスして終わるもので、僕のライフワークでもあります。

そのため、「今絶好調です」という家庭にはあまりニーズはないので、訪問する先は、だいたいピリピリしていたり、家の中の空気がどよーんとしていたり、荒れていたり……ということが多いです。

まあどんな家庭でも僕はまず驚きませんし、たいていの事件(?)には慣れっこです。ネガティブな空気(特に親御さんの表情)を少しでも晴れやかにして、希望を持っていただくのが僕の役割でもあり、使命でもあります。

ただ、振り返って、一時的なネガティブムードとは別に、

「ああ、なんとなくこの家族は楽しいなあ」

と感じた家庭は、総じて合格を果たしています。

例えば、Cちゃんの家庭の場合。家が駅から遠くバスの時間も合わなかったので、行きと帰りにお父さんが車で送迎してくれました。

Cちゃんのお父さんは娘が大好き。好きで好きでたまらないというデレデレぶりがなんとも微笑ましく、短い時間でしたが、僕は楽しく感じました。

車中、お父さんはなにげなく言いました。

「うちの娘は勉強してくれているんです」

その時点では、僕もなんとはなしにお父さんの言葉を聞いていました。しかし帰りの電車の中で、ふっとよみがえりました。

「勉強してくれている、か」

子どもに対する敬意がないと、なかなか出てこない表現だと思ったのです。

「はじめに」でもお話ししましたが、遊びたい盛りの小学生が我慢して、過酷な受験勉強に臨んでいるのです。もちろん本人の将来のためでもありますが、それは決して当たり前ではありません。そのことを、親自身が本当にわかっているかどうか。

よくよく振り返ってみると、**言葉にまではしなくても、親が子どもに対して敬意を持っている家は、成績とは関係なく、子ども自身が落ち着いています。**そして、このような家庭に行くと、僕自身も指導をしていて独特の楽しさを感じていることに気づきました。

あの日、限られた時間での会話の中で、Cちゃんのお父さんが、かつて人生を挫折しかけたことも知りました。痛みを経験したので誰に対しても優しく、大好きな娘さんにも強く当たることはないのでしょう。

Cちゃんは、やりたい部活のある女子校を自分から志望して合格。今でもたまに、お父さんから「娘は頑張っています」と〝大好き〟を隠せない文面とともに、真っ黒に日焼けしたCちゃんの画像が送られてきます。

戦略型「そこそこ中学受験」は超有効

「うちの子には、御三家なんてとてもとても。そこそこの私立に入ってくれればいいんです」

と話す親御さんはとても多いです。そこで、
「そこそこの私立とは、どこを想定していますか？」
と聞くと、よくある回答には2パターンがあります。
一つは、男子の親なら、
「筑駒とかは無理なんで。駒場東邦とか？」、
女子の親なら、
「雙葉《ふたば》とかは無理なんで。吉祥女子とか頌栄《しょうえい》とか？」、
などというパターン。ウグググ。それ、「そこそこ」じゃありませんから！（僕の心の声）
もちろん聡明な見識をお持ちの上でこのように言う方もいますが、多くは最近の中学受験を舐めています。特にご自身も中学受験を受験した「高学歴タイプの親」ほど、案外自分の成功体験だけで、もの申してしまう方が多いようです。
はっきり言って、お子さんが臨む今の中学受験は、親の時代のそれとは全く違う、異次元にレベルの高い戦い。受験校の勢力分布図は塗り替えられていますし、インターネットなどの影響で情報が得やすくなり「超優秀層」が年々厚みを増して、全体の

レベルが押し上げられています。もう少しすると少子化の影響が及んでくると思いますが、現時点では**超壮絶な戦場**だと言っていいです。

その状況も知らずに、高学歴タイプの親ほど「先んずれば人を制す」とばかりに、早くから過剰に勉強をやらせるなどして、いろいろ間違っていきます。

ご自身が勘違いに陥っていないかは十分注意していただきたいのですが、それとは別に、最近は「そこそこの私立に入ってくれればいい」というコンサル依頼が、とても増えてきました。

それが「公立の中学ではない、手厚くお世話を焼いてくれる学校に入れたい」というもの。偏差値40台後半～50台前半の中高一貫校を希望することが多く、これが2つ目のよくあるパターンです。

実は、こちらの「そこそこ中学受験」は、お子さんの人生戦略上、とてもメリットが大きいと感じていますし、僕的には〝超〟がつくおすすめです。

2冊目の著書『自考モードにする　中高6年間の過ごし方』でも僕は強く訴えましたが、せっかく名門と言われるような学校に入っても、親子ともに無自覚で、大きくサボり倒し、大学受験で失速してしまう子があまりに多いのです。

でしたら、放任型ノーフォローの名門校よりも、お世話焼き型のそこそこの中高一貫校に入学して6年後に笑ったほうが、断然、その後の人生を伸ばしていけます。

そこで、**戦いのゴールを中学受験ではなく、中高6年間の最後に持っていく**。わかりやすくいうと、中学受験で偏差値10以上、上の学校に合格を果たすような逆転劇にエネルギーを消耗するのではなく、中高6年間で国公立など難関大学合格（あるいは東大合格）を目指していけばいい。このような考え方もあるのだと、ぜひ知ってください。

マンダラチャートのど真ん中「志望校合格」を考える時、「志望校」をどこに設定するのか。偏差値や有名かどうかなど、（一部の親にとっては数十年前の）評判や価値観だけではなく、あらゆる角度から今の時代、自分の子どもに合った独自の物差しも持っていただきたい。そのための一つの視点として、戦略型「そこそこ中学受験」も選択肢に入れてみましょう。

眠れる「運命校」を発掘する

戦略型「そこそこ中学受験」を目指すなら、まだ世に知られていなかったり、そこまで偏差値が上がっていなかったりする中堅校を研究しましょう。将来予想外の伸びをする「ダークホース」を見つけられれば、奇跡がぐんと近づきます。

眠れる運命校は、どのように見つければいいでしょうか。

僕は**実力（指導力）を秘めた学校には、次のような条件が、2個以上当てはまる**と考えています。ぜひ宝探しの参考にしてみてください。

1 ここ数年で、東京大学の進学者数が現役で1人、2人と出始めている

2 卒業生の国公立大学進学率が全体の20％くらいを占めている

3 「学習進度」3・5以上

4 前々年度からの偏差値が1〜2以上、上向いている

1と2の、東京大学および国公立大学の進学者数には、読み取れる情報がとても多いです。

国公立大学は原則1校しか受けられないので（後期日程もありますが）、私立大学のように一人の重複合格がありません。つまり、合格実績の演出ができないわけです。また、国公立大学受験のためには、多くの科目と論述をやる必要があります。その学校がどれだけ本気で生徒を伸ばそうと考えているか、という熱意の度合いや、指導のノウハウの蓄積具合なども推測できます。

3つ目に挙げた「学習進度」とは、本邦初公開、僕のオリジナル指標です。

僕は、継続して付き合いのある教え子たちのネットワークで、主だった進学校のリアルな情報を得ていますが、そこから割り出した、**学習の進み具合を示したもの**です。

最難関校である灘を「5」、一般的な公立中学を「1」とした時に、どのくらいの進度で学習を進めているか、という数値です。主に「数2B」を始めるタイミングを中心に、それ以外の要素も加味して割り出してみました。

中高一貫校の学習進度（ハセガワ調べ）

学　校	進度
灘	5
聖光学院	4.5
東京都市大学付属	4.5
東京都市大等々力	4.5
豊島岡女子学園	4.5
白陵	4.5
開成（学年によりばらつきあり）	3~4.5
吉祥女子	4.2
神戸女学院	4.2
栄東（東大）	4.2
ラ・サール	4.2
浅野	4
麻布	4
市川	4
栄光学園	4
海陽	4
海城	4
駒場東邦	4
サレジオ学院	4
女子学院	4
世田谷学園	4
洗足学園	4

学　校	進度
渋谷教育学園渋谷	4
高槻	4
桐蔭学園	4
桐朋	4
広尾学園	4
北嶺	4
本郷	4
函館ラ・サール	4
神奈川大学附属	3.8
芝	3.8
頌栄女子学院	3.8
品川女子学院	3.8
城北	3.8
巣鴨	3.8
駒場東邦	3.8
山脇学園	3.8
足立学園	3.5
恵泉女学園	3.5
淑徳与野	3.5
白百合学園	3.5
成城	3.5
武蔵	3.5

学　校	進度
跡見学園	3
浦和明の星女子	3
桜蔭	3
鎌倉女学院	3
暁星	3
九段中教	3
晃華学園	3
相模原中教	3
早稲田高等学院	3
大妻多摩	2.8
府立水都国際	2.8
札幌日大	2.5
千葉日大第一（特進）	2.5
日大豊山	2.5
フェリス女学院	2
立命館	2
早稲田実業	2
筑波大学附属	1.5

※進度は公立中を1とする。
　3の条件→高2終了時に数B終了、社会途中
　4の条件→高2終了時に数3終了、世界史など一回し
　5の条件→高2夏で数3までいく

もちろん正式な調査ではありませんし、学校全体やその学年の方針が変われば変わってしまうのですが、ほぼ実態に近いのではないかと自負しています。ここに入りきらない中堅校含め、日々情報が更新されているので、大きな変化があった場合は配信やブログでお知らせします。

今、あまり世間の評価は定まっていなくても、**この指標で「3・5以上」あれば、カリキュラムとしては一定の質を保っている、もしくはキープしようとしている学校と考えられます**。

以上、実力ある「中堅校」を発掘するための指標として、1~3を挙げました。中高一貫校は今競争が激しく、教員の入れ替わりが激しくなっているところもあります。どうしても迷う場合は、最後の4「前々年度からの偏差値が1~2以上、上向いている」という指標で考えてみてください。

ところで先日、「そこそこ中学受験」のすすめを話していたら、あるお父さんから、「長谷川先生の言うメリットはわかったのですが……。中堅校は、上位校よりも、生徒や先生のレベルがどうしても落ちるのでは?」

と、遠慮がちに質問がありました。

親としての心配もよくわかります。でも僕個人としては、今の親たちが思うほど「レベルが低い」ということはないのではないかと考えていますし、そのようにお答えしました。

その理由として挙げられるのが、サピックス生が増加していること。２０２３年は僕の推定で６７００人くらいに膨れ上がっていると見ています。サピックスはやり方の是非はともかく、全員にハイレベルな勉強を課すところ。この塾が生み出す「超優秀層」が拡大しているということは、中堅校にも優秀な子が入ってくる可能性も高まり、その割合が年々拡大しているということです。

また**教員については、中堅校ほど競争が激しいので、お金をかけて良い人材を引っ張ってきているのが実情**です。

なお、お世話焼き型の学校の中には、手帳を使って勉強計画を管理したり、部活を制限したりするところもあるので、お子さんによっては窮屈に感じる部分もあるかもしれません。

しかし、学校生活とは、入学した本人によるところが大きいもの。どんなに希望通りの学校に入ったとしても、100%楽しくて順調ということは、ほぼあり得ません。それは「レベルが高い」学校も同じこと。こうした事実についても、お子さんと何度も話しながら、自分たちだけの「運命校」を探すつもりで、志望校選定にお役立てください。

小6スタートは令和の新定番

コロナ禍を経て断然増えたのが、

「公立中学では不安だから、今から間に合う私立中学を受けようかな」

と言って、小学6年生で中学受験にシフトするパターンです。

「小6スタート」は、小学4年生から大手塾に入って、御三家や名門難関校を目指す、従来の中学受験スタイルからすると、絶対に無理ではありませんが、遅すぎると言わざるを得ません。

ただ中堅校を目指すのであれば、令和の新スタイルとして年々増加していますし、戦略としてもなかなか有効ではないか、と僕は思っています。

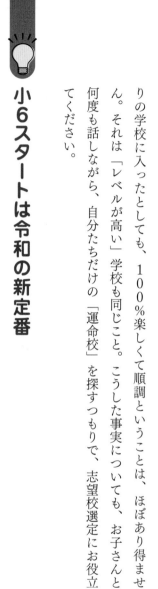

各塾のオンライン授業システムが充実してきたのも追い風です。塾に通わなくても勉強を進めやすくなったので、習い事や、やりたいことがある子などにもチャンスが広がってきました。

また中学受験は本人の「したい」が大前提ですが（22ページ参照）、小6スタート組は基本、意志が明確な子たちばかり。これが最大のアドバンテージです。

「スタートが遅かったからもう間に合わないかも。やるしかない」

学園祭でハセガワは見た！

人気校の学園祭
入場チケットは
抽選や先着も
FESTIVAL
中には
抽選もれちゃった
ごめんね
落選
あきらめきれず
校門前へ！
○○学園
ふむふむ
明るい雰囲気！
校門前も
きれい！
こんな執念こそ
実を結んでほしい
と思う今日このごろ！

「習い事は絶対続けたい。そのためにも〇〇中学に入りたい」

などと**良い意味で逃げ場がないので、勉強に猛進できて、結果として合格もちゃんと果たしていくケースが多いです**（親から言い出して強制したパターンで、本番で全滅した例はありますが、過去1件のみです）。

参考に、小6スタートをする場合の、基本の戦略を紹介しておきましょう。小4・小5で挫折した子の立て直しを考える際も参考にしてください。

5月連休までに

計算力と国語力の最低ラインに追いつく。

- 『陰山メソッド　徹底反復百ます計算』（小学館）で2分台に
- 『予習シリーズ計算』（四谷大塚）4年上下・5年上下を1日3～4ページずつ済ませる
- 漢字教材を一つ、終わらせる。『サピックスメソッド　漢字の要ステップ1マスターブック』（代々木ライブラリー）など

4月から6月までの間に

算数、国語、理科、社会の基礎を一通りやる。

・『首都圏模試受験生の2人に1人が解ける基本問題』（学研プラス）の4科目分。社会と理科は『中学入試　自分でつくれる　できる子ノート』（旺文社）でも良い

・次に大手塾教材へと進む。『予習シリーズ』（四谷大塚）を、算数は「4年上」から、国語・理科・社会は「5年上」から超速でやっていく

塾について

計算力と国語力の最低ラインに追いついたのち、大手塾の授業に合流するか、個人塾・家庭教師を選び学習を進めていく。小学6年生からでも合流しやすいのが日能研、臨海セミナー。またはお世話焼き型の熱心な個人塾、もしくは家庭教師。

通塾しない場合は、塾のオンラインシステムが良い。おすすめは四谷大塚「進

学くらぶ」。アーカイブを何回も見られるので進めやすい。

ただしオンライン授業の欠点は、テストを受ける機会が少ないので、試験の場慣れができないこと。外部の模試をガンガン受けて「テスト慣れ」をするように努める。

また夏休みは、できれば集団塾の夏期講習に短期間でも行くようにすると、友達や知り合いができて張り合いもあり、自分の「やれる・やれない」をなんとなく把握でき、弾みもつきやすい。


小6スタートの場合、成果が出始めるのは早くて10月くらいです。中には1月、本番の2月まで成果が出ない子もいるので、親子ともに焦らないで、勉強をどんどん進めていきましょう。

COLUMN 1

中高6年間の正しい過ごし方

中学受験を経て入学したあと、中高6年間をどのように過ごすかは非常に重要。特に戦略型「そこそこ中学受験」組の成功は、この点にかかっています。超重要なポイントを3つに絞って紹介しますので、頭に入れておいてください。

1 定期テストは「自分の才覚」を知るために戦略的に受ける

学校の定期テストは良い点数を出すために受けてはいけません。自分の得意・不得意科目を知り、全力でやったら校内で何位にいけるのか、どのくらい前からどの程度勉強したら自分は8割を取れるのか、あの先生の出題傾向はどうか、などと作戦を立て、それを検証しながら受けていくようにしてください。

2 本を読む

これまで本を読んでいない子ほど、読み始めると、ほぼ成績は自然に上がります。

3　英語と数学だけはサボらない

英語・数学をどこかでサボると、大学受験はどうしても破たんしてしまいがち。英語については単語テスト、小テストをしっかり受け、宿題だけはやっておきましょう。数学も、中学の内容は演習さえすれば誰でもできることが9割なので、最低限やっておく。

英数は積み重ねていくしかない科目であり、土台がないと厳しいです。手遅れになる前に、僕からの切なるお願いでもあります（泣）。

この3ポイントだけでも、本人が心得て実行してくれれば、熱意ある中高一貫校のカリキュラムならば、大学受験は「なんとかなる」。国公立大学にも挑戦できますし、本人の才覚次第では、東大合格も見えてくるでしょう。詳細は、ぜひ拙書『自考モードにする　中高6年間の過ごし方』もお読みください。

第2章

生活習慣から、学習ノウハウ、勝運まで、合格に向かう法則

1 体づくり・習慣

奇跡を起こした子で体幹が弱かった子はいない

中学受験生は、学力も大切ですが、体力もつけましょう。**日ごろから運動して体に力をつけておかないと、伸ばせる成績も伸びません。**

「運動が苦手」という子も心配いりません。1日1回でいいので、ほんのちょっと、息がハアハアと上がるくらいの運動をしてから勉強するようにすると、グンと効率が上がります。ぜひそれを体感してみてほしいです。なわとびやウォーキング、ちょっとしたエクササイズなどでもいいでしょう。

体力がある子はメンタルも強めです。

ポイントは体幹を意識すること。受験結果と体幹の有無は、僕の中では、相関関係が極めてはっきりしています。

体の芯が弱く、ヒョロヒョロした印象の子は、机に向かっていても、しばらくするとクニャッとして、へんな姿勢になっていくので疲れやすいです。

この点、サッカーや野球、バレエなどをやって体幹を鍛えてきた子は、やはり勉強に向かう同じ姿勢も持続しやすい。特にスポーツが得意でなくても、「体幹」がある程度ある子は見た目の姿勢がスッとしていて美しく、本人も姿勢をラクに保っています。

また、入試本番で不合格が続いても、後半で奇跡の巻き返しを見せるケースがありますが、このような逆転合格を遂げた子には、不思議と弱々しいタイプはほとんどいません。

ポイントは体の大きい小さいに関係なく、体幹があるかないか、です。

体幹を鍛えるエクササイズは、ＹｏｕＴｕｂｅや書籍などでもたくさん紹介されて

います から、やりすぎない範囲で、ぜひ親子で取り組んでみてください。

もしお子さんがまだ小学校低学年以下でしたら、外遊びを思い切りさせてあげて、可能ならば体幹を鍛える系の習い事やスポーツをさせましょう。小学1年生で大手塾のプレコースに入れるよりも、よっぽど、プレ準備としては有効です（小学1年生での入塾はほとんど意味がない、と僕は日ごろ思っています）。

かれこれ20年近く前、「小6で中学受験スタート」がとても珍しかったころのこと。小学6年生のDくん宅に夏休みに呼ばれ、レギュラー指導に通ったことがあります。

Dくんは J リーグのユースに入っていて、チームのエース。中学以降もサッカーを続けたいということで、両親と話し合って、急きょ受験を決めたそうです。後にも先にも、集中力の面で（およびそれを支える体力の面で）、この時のDくんを超える子はいないように思います。

Dくんは、この時点で偏差値35（首都圏模試センター）。しかし、エースとしての意地なのか、

「やるとなったらやる」

という意志が極立っていました。さすがに体もがっしりしていて、僕に対する受け答えもしっかりしていたのが印象的な少年でした。

僕が基礎固めとしていくつか問題集をやり切るように言うと、Dくんは素直に、そして猛烈なスピードで仕上げていきました。実際の指導中も僕の目の前で、自分で問題を解いてはワーッと書き出していくような勢いがありました。

サッカーを続けながらも猛然と勉強に向かった結果、12月には「偏差値55」を叩《たた》き出しました。その後、環境も吟味《ぎんみ》してDくん親子は某強豪校を推薦入学制度で選び、進学しました。僕の感覚では、あの仕上がり具合ならば、通常の入試でもそれなりの結果を残しただろうと思っています。

学力を支える「体力」「体幹」。体づくりへの意識なくして、中学受験は最後まで戦えません。

今の時点で「体力も体幹もないかも」と自覚するならば、例えば「なわとび10回」からスタートしてもいいでしょう。**まずはお子さん自身が自分の体に意識を持ってみるところ、小さなことを続けて自信をつけるところから始めてみてください。**

睡眠を重視する子が勝つ

体づくりにも関連しますが、最近は**「夜寝ないで勉強を頑張る」は非科学的**だとよく知られるようになりました。

「合格」と書いたハチマキを巻いて、夜中にインスタントラーメンなどをすすりながら、朝まで勉強する……といった、昔の漫画にあったような受験生像は全くもってナンセンス。夜はさっさと布団に入って、睡眠は7時間以上をキープするようにしましょう。

もちろん塾通いで夜10時に帰ってきて、夕飯を食べて入浴していたら、あっという間に夜中の0時という話もよく聞きます。仕方ない面もありますが、それでも迷わず「夜は寝る」ことを、親子ともに心がけるようにしてください。この意味で、**自宅から遠い塾は、どんなに評判や実績が良くてもやめたほうがいい**です。

ちなみに大谷翔平選手もシーズン中は10時間睡眠とか。教え子たちを見ていても、超優秀層ほど小さいころからよく寝ていて、サピックスのアルファ1（上から1番目）クラス常連というような子たちは、塾のない日は本当に夜9時半から10時くらいに寝ています（小学6年生になるとそうもいかなくなる面もありますが）。また僕の周りにいる、エリートとして活躍する大人たちの中にも、ショートスリーパーだという人はほとんどいません。

もしお子さんが、成績もモチベーションも今ひとつパッとしないのならば、睡眠不足だということはありませんか？

「やらなくてはいけないこと」が山積みの中で、つい睡眠から削りたくなることもあるでしょう。しかしまずは睡眠時間をキープした上で、残った時間でやりくりすればいいのです。いかに限られた時間でパフォーマンスを上げていくか。これは大人になっても悩む問題ですから、ものすごく大切な人生勉強にもなります。

睡眠が不足すると、成績はどうなるか。逆にしっかり寝ると、自分のコンディションはどうなるか。どのくらい寝るといい感じなのか。

小学生ですから最初はうまくいかないでしょうが、見よう見まねでやってみて、感じてみて、話し合うところから始めてもいいですね。

ノドが渇いたら薄いお茶か水。甘いジュースは飲まない

訪問した先では、ご厚意で飲み物を出してくださることが多いです。

この時、コーラやオレンジジュースなど甘い飲み物が出てくる家庭があるのですが、こうした家庭の子はたいがい、成績が伸び悩みます。僕が覚えている限り、受験の結果も芳しくなく、うまくいったためしがありません。

そもそも、普段の飲み物として、甘いジュースが常に置いてあり、気楽に飲める環境であることは問題だと感じます。ある程度の気分転換なら問題ないとは思うのですが、**どうも糖分の摂りすぎは、実際に集中力の妨げになってしまうような気がします**。

甘い飲み物には中毒性があるのも気になります。かつての教え子の中には、コーラがどうしてもやめられず、机の下に隠して飲んでいる子もいました。

最近はコーヒーや紅茶、カフェラテなどを飲む子も増えましたが、糖分と同じように、カフェインの摂りすぎは睡眠の質を下げることがあるので要注意です。

これはぜひ確認してみてほしいのですが、超優秀層の子たちはたいがい、普段は麦茶とか水を飲んでいます。水分を摂取するなら、薄いお茶や水をとるようにしましょう。

最近は以前よりも各家庭の食に対する意識が高くなったようで、全員がグルテンフリーだという家庭に出会うことも多くなりました。

僕自身決して体が強いわけではなく、肌に出やすいタイプなので、「〇〇を食べると、こうなる」を、身をもって検証してきています。

今後も各家庭の食事情を観察させていただきながら、受験結果との相関関係を検証していきたいと思いますが、今のところ、おやつや飲み物に気をつけて、**「糖分の摂りすぎだけはやめてほしい」**と提言しておきます。

ペンケースがパンパンの子は伸び悩む。3色ボールペン1本に絞ると伸びる

年に一人は必ず、ペンケースがパンパンに膨らんでいる子に出会います。いったい

何本持ってんねん！　というくらい、詰まっています。

いや、実は僕にも覚えがあります。自分なりに「授業に楽しく取り組みたい」と考えて、ノートにイラストやマークを書き込みたいから、いろいろな色、タイプを揃《そろ》えたくなってしまうのです。「勉強に向かう気持ちを、少しでもウキウキさせたい」という方向性は、決して間違ってはいないとは思います。

しかし、僕自身の経験と、それから教え子を見ていて気づいてしまいました。**ペンケースパンパンタイプは、おおむね成績が中途半端説**。プロの視点で、もう少しいけるのに、チャレンジ校に届かずに終わってしまうような、もったいないことになりがちなのです。

パンパンタイプは、試しに中身を全部、机に出してみましょう。青色も赤色も、似たような色が入っていたり、全く同じペンが複数入っていたりしませんか。何に使うかよくわからない、アートな蛍光ペンが入っていることもあります。

これらは考えているようで考えていないこと、自分のことを適当にしていて、実際は受け身になってしまっていることの表れだとも考えられます。

ハッと気づけたら、これはチャンス！　シャープペンや鉛筆、消しゴムを必要最低限入れたら、あとは「3色ボールペン1本」に絞ってみてください。3色とは赤、黒、青。ホワイトボードでの使用色に合わせたチョイスです。

今まで伸び切っていたペンケースはベロンベロンにヘタッていることに気づくでしょう。それはいかにムダなことが詰まっていたかの表れかもしれません。

授業やテスト直しの途中で、「何色のペンにしようかな？」と迷う1秒が、受験に

好き（隙）あらば！

おいてのムダ。**脳ミソは、問題を解いたり、大切なことを覚えたりすることに集中して使うべきです**。

ペンケースパンパンタイプの皆さん、この話を読んだら、ぜひ「断捨離」をお試しください。3色ボールペン1本に絞っただけで、直後から成績が伸び、最終的には広尾学園に合格を果たした子も実際にいます。まあ、どうしても難しいということでしたら、せめて各色お気に入りの1本に絞ってみてください。

うまくいく子はリビングルームで勉強している

「リビングルームで勉強する子は頭がいい」は、すっかり定説のようになっています。

僕の検証でもたしかに、中学受験の勉強がうまくいった子の9割、つまりほとんどはリビングルームでの勉強タイプでした。

その理由を考えてみると、まあ、誰しも子どものころに心あたりがあるかと思いますが、**親の目がないと、基本子どもはサボります**。

親からすると、のぞくたびにグダッとした姿を目にすることになるので、

「またサボっている」

「今、やろうと思ってたのに！」

という親子バトルに発展しがち。

この点、リビングルームなら、親の監視がそこはかとなく感じられるし、お互いに「やっている」確認とアピールが同時にできます。

小さいきょうだいがいる家庭は大変なこともあると思いますが、人の目が感じられることで、集中しやすいのはたしかのようです。この意味で、お友達がいる塾の自習室や図書館などもいいでしょう。

ただし、適度ににぎやかなほうが集中できるか、シーンと静かなほうがやりやすいかは、その子どもによります。

勉強に行き詰まっているならば、何もしないよりは、場所替えや部屋の模様替えを試してみてください。どうすると集中できるか、親子ともに、試行錯誤してみることが大事です。

合格する子の9割は朝勉をしている

睡眠の話にも関連しますが、中学受験生には、朝に勉強する習慣をぜひつけてほしいと思います。

脳のパフォーマンスが上がる時間帯を調べた研究では、人は朝昼集中型がもっとも多いそうです。夜のほうが成果が上がるというショートスリーパーは1割くらいにとどまるのだとか。

夜に勉強するよりも、朝のほうが効率が上がりやすいのは、僕も体感していて、これまでの教え子で合格した子の9割は朝の勉強習慣がついています。

同じ内容、同じ量の勉強をするならば、朝にやったほうが効率的で頭に残りやすいのは、ほぼ間違いないのではないでしょうか。

少なくとも、朝勉の効果を一度は自分たちで確認してほしいと思います。

朝勉の習慣をつけるには、「やること」をはっきり決めておくこと。計算ドリルや漢字ドリルを○ページやる、もしくは塾の宿題を1個やる、などでもいいでしょう。

布団から起き上がったら、パジャマも着替えずその勢いでそのまま勉強を始められるように、前の晩に問題集や参考書のページを開けたままにしておくのもコツです。

もしかしたら、きれい好きな親御さんは「身の回りを片付けてから寝なさい」とでも言いたくなるかもしれませんが、せめて受験勉強をする間だけは、目をつむってあげてください。

スクリーンタイムは朝にして、朝勉習慣とセットにする

僕はどの子にも、なるべく朝の勉強習慣をつけるように話しています。

当時小学6年生だった教え子の一人、Eくんは、

「朝が弱くて、どうしても起きられない」

と言って、なかなか始めようとしませんでした。

Eくんは一人っ子で、ちょっとおませくん。本をよく読んでいる分、口が達者で、大人に甘えるのが上手なところがありました。

「どうして朝、起きられないの？」

「うーん。寝るのが遅いから、かなあ。昨日もつい本を読んだり、テレビの録画を見たり……」

と、Eくん。

「録画？　何を見ているの？」

「機動戦士ガンダムOO（ダブルオー）！」

「おお、ガンダムか。あれは名作や……。でもEくん、小学6年生となった今、もうテレビとかは本当は我慢してほしいんだけど。ライバルたちは必死に勉強しているわけだし、習慣で負けてほしくないいんやけどなあ」

と、ボヤく僕。

「うーん。ガンダムだけは……」

「そうか。だったら、こうしよう。朝起きたら、ガンダムを1話だけ見てもいいってことにするのはどう？　それで1話見たら、必ずその後、基礎トレと漢字だけはやる」

「わかった。それならできるかも」

お母さんによると、その次の朝から、いきなりEくんは朝起きられるようになったそうです。目覚めたら、まずテレビをつけて、録画していたガンダムを1話観る。するとシャキッと目が覚めて、脳も覚醒したその勢いで、朝勉強もいきなり始められたそうです。朝の勉強習慣は直前期まで続けられました。

Eくんに関しては他にもアドバイスしたことがいろいろあるのですが（74ページなどで後述します）、これらが総合的にうまく作用して成績アップ。持ち偏差値より少し格上で「チャレンジ校」としていた市川の合格を取りました。

ここで僕がお伝えしたのは、皆さんがガンダムを見ればいいという話では、当然ありません（笑）。

起きるのが苦手だったり、朝の勉強習慣がどうしても身につかなかったりするならば、スクリーンタイムを朝にしてみる。**「苦手なことは、楽しみとセットにする」という方法がある**、ということです。

刺激で脳が目覚めて、朝勉の習慣もつきやすくなるでしょう（もちろん見すぎには注意！）。睡眠の妨げとなる夜のスマホやパソコンなどを防げるのも大きなメリットです。自由に発想し工夫して、良い習慣を味方につけましょう。

ゲームは与えないほうが中学受験はうまくいく。ただし、与えたほうが高校以降はうまくいく

前項で、朝勉にからめて「苦手なことは、楽しみとセットにする」ことで習慣化できるという法則を紹介しました。

「だったら、子どもが大好きなゲームとセットで、勉強の習慣をつけるようにすればいいかも？」

と思いつく親御さんもいらっしゃるでしょう。果てしなきバトルで疲れ果てた親御さんにとっては、希望の策に思えるかもしれません。

「ゲームと受験生」は永遠の課題。現時点で、僕自身もゲームを嗜《たしな》み、こよなく愛する身として、次のようにお答えします。

ゲームは与えないほうが、中学受験はうまくいく率が高いです。だから、中学受験を考えていてまだゲームを持っていないという家庭は、最初から与えないほうが、断

然いいです。
でも今の時点ですでにやっているならば、前著でも言いましたが、次のようにルール設定をするように提案します。

ゲームのルール（例）

- **ゲームをいくらでもやっていい時をはっきり決める。例えば、模試が終わったその夜だけ、など**
- **「1時間だけ」など時間制限はかけない**（ゲームは3時間以内で終わることはない。強制的に終わらせても不満足感が残ってしまうだけ）
- **ルールを破った場合のペナルティーも、事前にはっきり決めておく**
- **睡眠時間はキープする**
- **小学6年生の1年間はやめる**（追記。どうしても耐えられない子はせめて小学6年生の夏からやめよう）

ただし、この話には続きがあります。

ゲームを与えないほうが、中学受験「は」うまくいきやすいです。でも高校生になったあとは話が変わります。

日ごろからゲームなどをやっている子のほうが、メンタル面で柔軟性があるように感じるのです。これまでの経験では、志望校に合格して入学したのち、うつっぽくなってしまう子が出てくる。成績が落ちて、僕が再び呼ばれることもあるのですが、こうした子たちと話してみると、だいたい「楽しみ」を持っていません。

もちろん青春時代はメンタルが上下しやすいので、誰でも、いつの時代も、ある程度落ち込んだり、人生を嘆いたりはあると思います。

でもそれとは別に、

「そんなに思いつめなくてもいいよ。もっと上手に手を抜いてやったらええやん……」

と思ってしまうような子は、ほとんどゲームをやっていません。しかもこうした子に限って、ひとたびスマホを与えると、バカみたいにスマホゲームにハマってしまい、取り上げるとキレてしまうなど、中毒性を帯びてくるケースも出てきます。

人生のちょっとした「楽しみ」がないと、自己肯定感も低くなりがちで、このようなタイプがゲーム依存の傾向になってしまうのかもしれません。

先日たまたま観ていた動画サイトで、悩むお母さんに向けて、岡田斗司夫さんが、「ゲーム、スマホはその子に好きなことが見つかってから与えてはどうだろうか」と提言されていました。

これは慧眼《けいがん》だな、と僕は膝を打ちました。例えば野球が好きな子は、ゲームの中でも野球を楽しみ、スマホでさらに知識を得ようとして、能動的に使いこなしていくでしょう。

このようなことを総合的に考えると、**子ども自身が、まず自分の楽しみを見つけること、そして、それを大切にしながら、必要な時には自制できるのがいちばんであり、長い人生にとってもプラスのような気がします**。「楽しいこともやりながら、勉強もするんだ！」という態度を学ぶ。そのきっかけとして、ゲームを使えたらいいなと思います。

最近はSNSやVRなどで、これまでになかった、すごいエンターテインメントがどんどん生まれています。ゲームを封じたところで、別のものにハマる子も多いでしょう。

人生の「楽しみ」はものすごく大事であり、これからの時代を生きる子にとっては好きなもの、ハマれるものがあるかどうかは、メンタルヘルス上、死活問題にもなっていくと言っても過言ではありません。

親御さんは中学受験という短期・中期的視点と、人生という長期的視点でバランスよく考えながら、お子さんと話し合い、自分たちなりのファイナルアンサーを出していただければと思います。

子どもが自らゲームをやめた時、奇跡が始まる

ゲームの話の続きです。

27ページに登場した、おおらかな「ハニカミ王子」ことBくんは、小学6年生になっても、ゲームをやめられないでいました。小学5年生2月の時点で僕から、

「これから1年間、入試まではゲームは我慢しよう」

と話してはいました。しかし、どうもアヤシイ。ある日試しに、テレビの横にあるゲーム機のスイッチを触ってみたら、ほんのり温かいことがありました（笑）。

「やりおったな」

と言うと、

「へへへへ」

と、はにかんで笑っていました。こんな時、僕はもちろん怒らないで、ボヤくだけです。ゲームをやめるかどうかは本人の問題ですから。

しかし小学6年生の夏休み直前、模試の結果が極めて悪く出ました。それで、Bくん自身も、さすがに思うところがあったようです。

「僕、もうゲームはやめる！」

と宣言。以降受験が終わるまで、本当に一度も触らなかったんです、とお母さんが教えてくれました。

お姉ちゃんの影響で受験勉強を始めたBくんも、**ようやく受験が「自分ごと」になって、中学受験「自走モード」に入った**のです。

「おお、これはいけるぞ」

と、僕も確信しました。

ところで最初の著書のおかげで、僕の造語、中学受験「自走モード」もすっかり有名になりました。

ただ言葉だけが走りすぎたようで、最近はいろいろな方から、

「うちの子、ちっとも自走モードにならないのですが……」

と、嘆きの言葉をいただくようになりました。

ここで、ちょっと補足しておきたいです。

中学受験の自走モードなんて、小学生は、最後の最後に目覚められれば上出来です。ほとんどの子が小学6年生の夏以降、入試の最終日までに、覚醒できるかできないかくらいのことだ、と思ってください。

そもそも、中学受験という大人都合のレールに子どもは乗せられているのです。その中で、子どもが主体的にやれることなんて、ほんの数パーセントしかありません。

また「自走モード」は本人の中からのみ生まれてくる境地であり、周囲の大人が絶

対に強制できないもの。子どもが受験を「自分ごと」と感じられる日まで、親は待つしかありません。無理に高い目標を持っても辛いだけ。まずは「問題1問、子どもが自ら取り組めたら素晴らしい！」くらいに思って、見守り続けましょう。

2 ケアレスミス撲滅

字をきれいに書こうとするだけで偏差値アップ

とにかく字だけは、そこそこでいいので、きれいに書くように努めましょう。

これまで字に意識がいっていなかった子ほど「きれいに書こう」とするだけで、偏差値5くらいは上がります。だまされたと思って、ぜひ試してみてください。

別に達筆でなくても全く構いません。できる限り丁寧に、あとから解答用紙を見直す時の自分にも、採点してくれる人にも読みやすいように書いていくという意識を持ちましょう。

結果的に、余計なケアレスミスも減りますし、採点者への気配りが不思議と解答用紙に伝わって、それが点数の獲得に結びつき、合格を引き寄せます。

受験に本気になった子は、解答用紙に書く字も自然に整っていくもの。だったら心を変えようとするのではなく、まずは字から整えていくというのは有効です。

ただ、このようにお話しすると、親御さんの中には、書道のような美文字を思い浮かべて、厳しく子どもの字をチェックする方が出てきてしまいます。

しかし、「そこそこ丁寧」ならOKとしてください。

要は、**「お子さんが解答用紙に思いやり（気配り）を持てるかどうか」**です。

思いやり（気配り）とは、前述したように、解答用紙を見直す10分後の自分自身が読みやすいかどうか、その解答用紙を採点する人が読みやすいかどうか、ということ。読みやすければ良く、字を書くことに時間と意識をかけすぎるのも問題です。

本人がなぜ丁寧に字を書くのかを理解し、ちょうどいい加減を考えながら実行していく。この小さな積み重ねが、合格につながっていきます。

ひらがなぐせを直すだけで偏差値アップ

字をそこそこきれいに書こうとするだけで、偏差値5くらいは上がります。同時に「ひらがなぐせ」を直すだけで、さらに偏差値はプラスされていくでしょう。

61ページの「朝のガンダム習慣」のEくんも、この法則を見事に実証してくれました。Eくんはパワーがあって、問題を最後まで解くバイタリティーは持っていたのですが、とにかく字が汚ない上に、あまり漢字を使っていませんでした。

まあ、本来小学生なんて、字を書くこと自体を面倒に感じてしまうもの。ましてや漢字なんて画数も多いし、ひらがなだけで済ませたくなるのもわからないでもありません。しかし、それでは中学受験は戦っていけません。

Eくんにも、

「1、とにかく丁寧に書く。2、ひらがなをなるべく漢字にする。テスト時間のうち、半分でいいから、とにかくこの2つ、やってみて」

と、言い続けていました。

最初は大変かもしれませんが、**漢字をなるべく使おうと心がけるうちに、間違いなく脳がランクアップします**。偏差値も上がりますから、本人も励みになるでしょう。

算数の途中式は書かないと合格しない。しかし書いているだけでも合格しない

算数のテストや問題集に取り組む時、途中式は必ず書きましょう。

この法則は、お子さん自身が、お子さんなりにその意図を理解して、その上で実行するのでなければ意味がありません。

さて、途中式を書く意味とは何でしょうか。

まず、問題を解いているうちにわからなくなってしまい、つまらないミスをしてしまうのを防ぎます。またその問題をどのように解こうとしたかを書くことで、可視化されて理解が深まり、本人の解答力も養われていくでしょう。

またテストが終わったあとに、僕のような家庭教師や、塾の先生、親御さんが、その子の思考を辿《たど》ることができて、どこにつまずいたかがわかりやすく、サポートしや

すいというメリットもあります。

さらに本質的には、途中式を書く作業を通じて、「自分の思考をいかに他者に伝えるか」という面を試されています。それは結局、「何のために、そのテストを受けるのか」ということにもつながります。

テストをイヤイヤ受けている子、やらされ感が根強い子は、そもそも式を書こうともしないし、書こうとしても書けないでしょう。

例えて言うと、解答用紙を通じて、志望校にファンレターを書いているようなもの。労をいとわず、わかりやすい説明をしなくては、相手に心は伝わりません。結果として、合格には至らないでしょう。

超難関と呼ばれる進学校に合格する子のほとんどは、当たり前のように途中式を書きます。

進学校は「東大に受かりやすい」人材を求めています。「東大に受かりやすい」とは、自分の考えを、論理的に他者に伝えられる能力があるということ。今はまだ未熟でも、少なくともその土台がある子たちが生徒として選ばれていくわけです。

本番の入試では、答えが間違っていても、途中式が合っていれば加点になる学校もあります。もちろん一切考慮しない学校も中にはありますし、志望校がそうかもしれませんが、それでも途中式を書く習慣は、受験生には必須です。

途中式を書くのは何のためなのか、意図を汲む。子ども自身がその子なりにわかって実行するプロセスに、意味があります。

3 思考力

「思考力」への近道はない。正道に勝る邪道はない

中学受験の志望校合格を達成する上で、マンダラチャート中央の8マスはどれも外せないものばかり。「思考力」も欠かせないコマの一つです。

お子さんの「思考力」について、最初に親御さんに理解しておいてほしいことは、近道はない、ということです。

この本は「奇跡の法則」などと銘打っていますので、「〇〇さえすれば成績アップ」というようなお手軽なメソッドを求めたくなるかもしれません。**しかし中学受験において、こと思考力においては、近道はありません。**

僕が指導に入るなどして、それをきっかけに、パッと成績が上がる子というのもたしかにいます。でもそれは、これまでのやり方がまずすぎただけのこと。やり方を少し正すことで、もともと実力を培《つちか》っていたので、それが結果に結びつきやすくなった、というだけです。

何が言いたいかというと、中学受験は「テストに出そうなところしかやらない」などと時短やコスパを求めると、親子ともにたちまち行き詰まってしまいます。

もしかしたら「優秀な隣の家の子」を見て、結果を急いで焦ったり、嘆きたくなったりする日もあるかもしれません。でもその優秀な子は少し早めに努力をしただけ、その子が少し早熟だっただけのこと。**その子を早く抜かす必要は全くなく、最後に追いつけばいいだけです**。

正しくコツコツやる。それ以外の道はないのだと、腹をくくりましょう。正道に勝る邪道はありません。

素点1、偏差値1でも「上向いている」なら、それが伸びしろ

塾は、中学受験の勉強においては大切なパートナーです。

でも塾側は複数の生徒を抱えていますから、親と同じ熱量では「うちの子」を見てくれません。

そんな中でよくあるのが、塾側から、「志望校をあきらめたほうがいい」などと、ほのめかされるパターンです。

僕もかつて塾講師をやっていましたから、その理由もよくわかります。その子の持ち偏差値が、その学校の偏差値に対して「5」足りないならば、プロの視点では限りなく合格の可能性は低くなります。「いけるかも」とは簡単に言えないし、大人として他校の可能性も示してあげたくなります。

しかし、だからといって、**その子の伸びしろを測ることをせずに、簡単に「受験をやめろ」「無理だ」と言うのは違う**と思います。

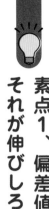

伸びしろとは、次の2つのことです。

- **やるべきことをまだやり切っていない**
- **素点1、偏差値1だけでも、前回よりも上がっている**

この2点が明確な時に、やるべきことをやり切ったならば（＝伸びしろをなくし切れば）、まだ可能性はあります。

地域の四谷大塚準拠塾に通っていたFちゃんは、小6の12月、塾とケンカしてやめてしまいました。Fちゃんは吉祥女子に行きたくて頑張ってはいたのですが、どうしても合格圏に届かず、塾から「無理です」と言われたので、親子でカチンときたそうです。

でも、僕がよくよく話を聞いてみると、Fちゃんには、まだやり切っていないテキストがありました。また、直近の合否テスト4回は、たしかに吉祥女子の合格圏には届いていないものの、じわりじわりと上げている。

「これはまだいけるんちゃうか？」と、僕は判断しました。

結局、塾をやめたことが功を奏し、その時間を全て、テキストの残りをやり切ることに使えました。

ちなみに、まだ終わっていなかったテキストとは、具体的には、算数は『算数プラスワン問題集』（東京出版）、国語、理科、社会は『四科のまとめ』（四谷大塚出版）です。この2種は、行きづまった小学6年生のブレイクスルー対策として、僕も本当によく活用しています（詳しくは95ページで解説します）。

さらに、吉祥女子対策として「100文字論文」演習を追加し、さらにテストの時間配分のコツ（101〜111ページ参照）を伝えたところ、すぐ実践してくれるようになりました。

Fちゃんの負けん気にも火がつき、最後までよく取り組んでくれて、その結果吉祥女子の合格を取り、溜飲《りゅういん》を下げました。

余談ですが、僕がFちゃんの合格をほぼ確信したのは、1月の別中学の受験を失敗したあとです。その学校をもう一度受けるチャンスがあったにもかかわらず、「その時間がもったいない。行くのも疲れるから、私は自分の勉強をしたい」と言ってやめました。すでに戦いを俯瞰《ふかん》して、自分で行動を決めるようになっていました。

どんな塾でも完璧なカリキュラムはあり得ない

前項のFちゃんは、塾の対応のまずさを家庭学習でリカバリーできた例です。ここで、わが子の伸びしろを潰《つぶ》さない（せめて潰される可能性を少しでも減らす）ための、塾選びのポイントを紹介しておきましょう。

塾選びのポイント

- 家の近くで選ぶ（自宅から教室まで30分以内）
- カリキュラムが研究された大手塾（集団授業）タイプか、マンツーマンで見て

もらえる個別塾（個人授業スタイル）か、体験授業で合うほうを選ぶ
・個人経営塾のデメリットは情報の少なさ。先生がどれだけ最新情報をきちんと集めているかを確認する
・大手塾（集団授業）タイプは、親のフォロー具合と、塾の管理度合いとの兼ね合いで決める

ただ、どんなに「評判のいい」塾に入れても「完璧なカリキュラム」などあり得ません。結局、自分たちなりにどのようにメリット・デメリットを押さえて、勉強計画を進めていくかで決まるのだと、胸に刻んでおきましょう。

また、転塾は基本、おすすめしませんが、次のいずれかに当てはまる場合は、小学5年生の1月までに1回を原則として、検討しても良いと思います。

・塾の先生が暴言を吐く。言葉遣いが汚い
・教室の雰囲気、環境のせいで集中できない
・面倒見が良くなく、最下位クラスに3ヵ月とどまった

代表的な大手塾4つの指標

サピックス・グノーブル　（塾の管理度合い　サピックス1、グノーブル2）

教材、カリキュラムは業界の最高峰。好奇心、競争心が強い子向き。「計算力」がしっかり準備できていれば（小3で公文のFレベル相当なら）いける。通塾日数が少なく、塾の管理度合いは低く、先生が叱ってくれないタイプの塾。休憩がなく、「友達と楽しんで勉強する」雰囲気はない。宿題を自分で済ませる習慣がついていない子、自立心の低い傾向の子は家庭できっちり見なくてはいけない。

四谷大塚・早稲田アカデミー　（塾の管理度合い3）

四谷大塚はこの業界の老舗であり、スタンダード。教科書の『予習シリーズ』がきっちりしていてフルカラーなので、自分で勉強が進めやすい。『予習シリーズ』は中堅塾、個人塾でもよく使われる。最大のメリットは、ペースメイキングをしやすいこと。「週3回行って、土曜日にテストを受けて復習」と習慣化できれば、親の負担は少なくなる。特徴は早稲田アカデミーもほぼ同じ。

日能研　（塾の管理度合い3）

少しずつ難度が上がっていくように、段階が丁寧に作られたカリキュラム。小学6年生で、レベルを少し下げたところからもう一度始まるので、小6で仕切り直したい子に向く。通塾日数が多い。普段から記述指導があり、記述式の多い入試対策に向く。室長の個性がある程度出やすい。

希学園《のぞみ》・浜学園　（塾の管理度合い3〜5）

入塾がもっとも厳しく、資質の高い子をきっちり面倒見る、という方針。基本的には手厚く面倒を見て、宿題もチェック。能力があっても家で文句ばかり言ってサボッてしまうタイプは、「怖い先生」のところでやれる。また落ちこぼれても絶対に拾ってくれる。親がもっともラク。通塾日数は多め。習い事との両立はほぼ無理。近年の浜学園は「管理度合い3」くらいになりつつある。

・トップクラスの成績が1年以上続き、一人勝ち状態

最後に補足させてください。

もの作りが好きだったGくんの話です。彼は芝浦工業大学附属中学を志望していて、近所の四谷大塚系準拠塾に通っていたのですが、塾の先生からは「芝工は100%無理です」と言われて、本人よりも、お母さんのほうががっくりきてしまったそうです。

お母さんはあわてて他の学校を探し始め、僕のコンサルにも申し込んできてくれました。それが小学6年生の9月のことです。

僕はGくんの学習状況を見て、ブレイクスルー対策として前述のFちゃんと同じ、『プラスワン問題集』『四科のまとめ』を追加。さらに、その他の問題集も終わらせるようにアドバイスしました。すると彼もこれに応えてよく勉強してくれて、そこから成績は少しずつ上がって、最後は芝工に合格しました。

塾は偏差値だけで判断して「無理」と言いました。しかし僕が勉強のやり方を教えてみれば伸びて、十分に可能性は残されていたのです。**本当に志望校受験が無理かど**

うかは、やるべきことをやってから決めたいところです。

模試は自分の「課題」を持って戦略的に受ける

模試には「良い受け方」があります。ただ漫然と受けているだけでは、意味がありませんので、紹介しましょう。

模試を受ける前には、そのテストで取り組む、自分なりの課題を具体的な行動にして、一つだけ決めましょう。例えば、

- 問題の読み間違いに気をつける。重要なところには線を引く
- 字をきれいに書くようにする
- なるべく漢字で書くようにする
- 時間配分に気をつけて、最後の問題までいくようにする
- 算数の途中式を書くようにする

など、ごく簡単な内容で良いです。「これならできそうだ」と自分で思える課題を、一つだけ決めましょう。「ベストを尽くす」など、抽象的なものではダメです。「80点以上取るようにしよう」「偏差値50以上」など、点数や偏差値にからめないのもコツです。

模試が終わったら、事前に自分で決めた課題がどのくらいできたか、もしくはできなかったかを考えさせてみてください。

もしできなかったとしても、あまり落ち込みすぎないように！　次回の模試で、それを達成するためにはどうしたら良いか、また小さな課題を考えて、チャレンジすればOKです。

偏差値は基本、気にしないでいいです（気になるとは思いますが）。

このように、模試を受ける時は、自分だけの小さな課題を考えて↓実際に取り組んでみて↓結果を検証してみて↓次の模試の課題へ、という行動ができれば、僕的にはもう100点満点です。

もちろん「80点以上取れたらいいな」「偏差値50を超えたいな」などと、願うのはいいのですが、それは心のうちの1〜2割にとどめておく。残り8〜9割は努力のため、行動のために使うようにしましょう。

模試で失敗しても全く問題なし。むしろ失敗上等！

模試とは、受験の本番で失敗してもあわてないように、多少の失敗に慣れておくための機会でもあります。

小さな課題を自分で考えて、自発的に受け続けていると、必ず「いいこと」が待っています。

伸びる子と伸びない子の違いは、自分のでき栄えを正確に予測できるかどうか

伸びる子と、伸びない子の違い。

その法則の一つは、テストが終わった時に、自分のでき栄えをいかに正確に予測できるかにあります。

超優秀層の子どもたちと対話をする中で気づいたのですが、自分のことを客観的に

把握できるかどうかで、差が開いていきます。

そこで、模試も「正しく自分のでき栄えを予測する」練習だと思って、取り組んでみてほしいです。

模試を受けたあとは、「これとこれができて、ここができなかったから、だいたい60点くらいかな?」などと、点数を予測するようにしてみましょう。

普通の子は「80点くらい取れたかなあ?」などと言いつつ、実際は60点でがっかり、というように、予測よりも点数のほうが下に出てしまうパターンが多いです。

しかし優秀な子は客観的に把握できるので、予測とのブレが少なくなります。僕としては、

「60点だと思っていたら、80点だった」

というよりも、

「60点だと思っていたら、62点だった」

というほうをほめてあげたいと思います。テストが良くできることも大事ですが、正しく自分を把握できるほうが、結局、学力が伸びていくからです。

現時点で勉強が進んでいなくて、「私の実力は現状40点しかない……」という自覚

があっても、一生懸命やって本当に「40点」だったならば、それは自分をちゃんとわかっているということ。見込みがおおいにあると僕は考えます。

客観的に自分を見られない子は、算数をやらなくてはいけないのに理科を一生懸命やったり、好きな分野ばかりを覚えたりして、時間配分という面でも失敗してしまいます。

自分のことがわかる、というのは、「こういうシチュエーションだと、サボってしまう」「このような環境なら集中できる」なども知っていくということ。自分なりの勉強スタイルも確立していくでしょう。

受験の最大のメリットは、自分で自分を知ることができることだと僕は思います。

お子さんが「己を知る」きっかけにしていきましょう。

成績が3回連続で明らかに下がった時以外は、本人に模試対策を考えさせる

さて、お父さん、お母さんへ。

僕が考える戦略的な模試の受け方を、前項で、お子さんに授けました。

少し小学生には難しい表現かもしれませんが、ぜひ理解できるようにサポートしてあげてください。

さらに申し上げておくと、親御さん自身も模試の偏差値を気にする思考は捨ててください。せめて一喜一憂するのをやめましょう（素点についてはお子さんのサポートの指標として、大人が使う分にはいいと思います）。

模試の結果が出てからジタバタするのでは、すでに遅いです。

お子さんの「課題」とは、模試を受けたあとではなく、受ける前にすでにあるもの。大人は結果にいちいち反応するのではなく、ドーンと構えて受験全体を見渡す視点を、常にお持ちください。

まずは、とにかく自分で考えさせる。

「自分がいろいろやった上でダメだった」

「いろいろやってみたけど無理だった」

という状況を、まずは作ってあげてください。

この状況をちゃんと通過すると、お子さんの目の色や意識が変わります。僕の経験上、その上で、大人が介入してサポートすると、グンと学力が伸びます。

特に今のお子さんたちの中には、お母さんやお父さんがやってくれる、つまり大人がサポートしてくれるのを無意識で「待ち」に入っている子が多いです。模試の失敗は「攻め」に転じるための、絶好のチャンスになり得ます。

しかし、3回連続で成績が落ちた場合は、要注意です。明らかな下降傾向と考え、塾やプロのアドバイスを求めたほうがいいでしょう。

基礎を固めるには問題パターンを一巡する

中学受験の勉強で必要なのは、出題される問題のパターンを一通り知ること。

ひとまず一巡しておくことが大事で、これが基礎固めでもあり、この段階をクリアできれば、まあ、まずは偏差値50のレベルに達すると考えて良いと思います。

およその目安ですが、配られた問題用紙をパッと見て、「答え、もしくは解き方がわかる」という範囲が8割くらいになれば良いでしょう。

言い方を変えると、**「知らない問題パターンをなくす」**ということになりますが、中学受験生にとっては、これが一つの山場。計算力や読解力、基礎知識もある程度つき、頑張っているのに今ひとつ伸びない子は、ここで行き詰まっていることが多いです。

そこで、なるべく多くの、バラエティーに富んだ問題パターンに触れていくといいのですが、そのためには、良問が揃ったテキストをやり切るのがいいです。

僕がよく教え子に〝処方〟するのは次の2つの教材です。

- **『算数プラスワン問題集──中学受験』**（東京出版）
算数の力を伸ばしたいなら、いちばんおすすめ。全部の問題パターンを網羅していて解説が丁寧、図も多い。「算数が好きな人ってこういうふうに考えるのか」と感じられてセンスが良い。一般書店で購入可能。
- **『四科のまとめ』国語、社会、理科**（四谷大塚出版）
記述でちゃんと解答させるし、フルカラーで知識量も豊富。2023年度に改訂されたばかり。四谷大塚のホームページで購入可能。

このように紹介すると、直ちにわが子にやらせたがる方もいらっしゃるのですが、基礎的なレベルの学力をつけた上で、取り組むようにしてください。

僕はよく知らないのですが、「小5でプラスワン問題集を5周して超難関校に行けた」などと豪語する、インターネット上での有名人がいるそうです。おそらく、その方はもともと優秀で、小学5年生の時点で、通常よりもかなり勉強が進んでいたレアケースだったと考えられます。一般的な子たちにとっては意味のない話ですので、くれぐれも真に受けませんよう、投入するタイミングをお間違えなきよう、切にお願いいたします。

この2種類のテキストを使う時期の目安としては、御三家、上位難関校を目指すなら小6の夏休み前までに終わらせる。通常レベルでは小6の夏休みまでに。それ以下のレベルは、まずは基礎的な学力（計算力など）をつけてから、小学6年生の10月くらいまでにやる、と考えてください。

ただ子どもがまだ難しく感じるようでしたら、代わりに算数は『四科のまとめ』、国語は『ベストチェック』シリーズ（みくに出版）、理科、社会は『メモリーチェック』シリーズ（みくに出版）もいいでしょう。

やり切ることで、自信もつき、実力を養っていけます。

さらなる飛躍を目指すなら、この1冊を投入せよ

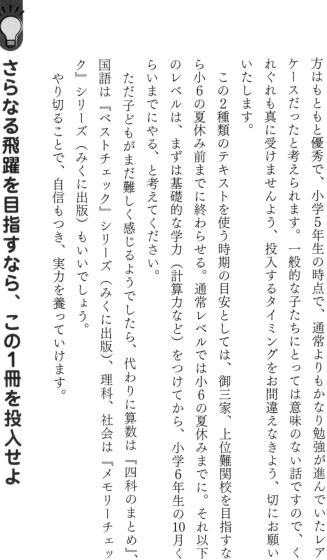

さて前項で話した通り、問題のレパートリーを一巡する、というのが中学受験の基礎固めになりますが、上位難関校や御三家に受かりたい子は、さらなる飛躍を目指さなくてはなりません。

ワンランク伸びるために、僕がよくチョイスするのが雑誌『中学への算数』（東京出版）です。

この雑誌は超難問揃いで、御三家や上位難関校に行きたい子には必須だと考えています（中堅校狙いの子はに不要です）。

御三家レベルに行きたい子は最低1年分をやるのが当たり前、という感覚でいてください。

もちろんこの教材をやらなくても受かる子はいるのですが、自分がやらなくても受かるかどうか、自分の実力と相談して自主的に判断できるようにしましょう。

今回、この本の原稿のために、偏差値が飛躍的に伸びた教え子たちの事例を棚卸ししました。

よくよく整理してみると、Ａくん（3ページ）を始め、奇跡の事例の9割で、『プラスワン問題集』『四科のまとめ』『中学への算数』の3つを、それぞれのレベルや事情に合わせて、組み合わせて処方していました。僕の信頼の「3セット」だとも言えます。

しかし子どもにとっては、塾などで大量の課題を与えられながら、それに追加してやっていくという、大きな負担になります。あくまでもプラスアルファの策なので、まずは塾の宿題を完璧に仕上げることを優先にお考えください。

そもそも本人が「自走モード」でないと、やり遂げられないという面がありますが、これだけの良問をやり切ったとき、力がつかないはずがありません。

COLUMN 2

詰め込み型大手塾生に「ジャイアントキリング」が起きにくいワケ

僕は中学受験オタクであり、進学校オタクであり、塾オタクでもあります。講師陣からテキストの改訂状況まで、ちょっと気持ち悪がられるくらい情報を持っています（笑）。

だいたい、僕のところに必死の形相で駆け込んでくるのは、詰め込み型大手塾生のお母さんたち。塾によってお世話焼き度合いが異なりますが、その特徴もよく調べずに、実績や評判だけでとりあえずわが子を入塾させてしまった方々が、不安にさいなまれてしまうようです。

ここだけの話、詰め込み型大手塾生の「戦績」は極めて順当に出ます。

「この子はこのレベルだから、○○校くらいかな」

という予測が外れることが、あまりありません。優秀だった子たちは極めて順調に、御三家や難関校に受かっていきます。たまにプレッシャーに弱い子が足をすくわれて落ちるパターンもありますが、これもある程度想定内ではあります。

逆に言うと「ジャイアントキリング」、すなわち周りも腰を抜かすようなミラクル合格は、詰め込み型大手塾生には起きにくいことに僕は気づいています。

これはなぜでしょうか？

理由を考えてみると、詰め込み型の塾では、レベルの高い知識を相当量教えて、それを中心に「合格力」を養う戦略を取っています。論述力や式を書く指導に重きを置くような、思考力養成型のモデルでは決してありません。

ジャイアントキリングは、論述力や思考力のベースをコツコツと積み上げ続けて、最後まで（＝試験当日、最後の1秒まで）粘った子に起きやすいです。この「継続」と「粘り」がカギで、詰め込み型で勉強してきた場合には、パターンとして起きにくい構造なのかもしれません。それが、現時点での僕の検証です。

4 時間配分

完璧主義に陥らないで

テストや模試を受ける時、特に中学受験の勉強を始めたばかりのお子さんなどは、出題された順番の通りに取り組み、1個ずつ確実に解答していこうとしがちです。

しかし、これから戦いに行くならば、このような完璧（満点）主義はやめなくてはなりません。**入試本番を見据えて、目指すべきなのはテストの満点ではなく、合格最低点です。**

特にテスト時間が残りわずかとなった時、子どもたちがついやりがちなのは、今取りかかっている問題をなんとか終わらせようとすること。

試験時間が300分あって、深い思考力を試されるならば、それも必要です。しかし残念ながら、現在の日本の中学受験システムはそのようにはなっていません。短い時間の中で、自分が取れる点数をいかに確実に取っていくか、ということが試されます。106ページでも後述しますが、「テストの残り10分は、取れる点数をこそげ取りにいく時間」。できない問題は捨てる必要があります。

大手塾の多くでもそのように指導されているのですが、**中学受験のテストにおいてはまず、完璧主義は捨てること**。それが時間配分のコツの第一歩です。

問題用紙を見た瞬間にもするべきことがある

問題用紙が配られて、テストが始まった瞬間にも、小さな勝負があります。

一瞬でいいので、問題用紙の全体をパッと見るようにしましょう。

「あれ、今日の理科、問題数が多いな」

「いつもは大問4つなのに、今日は5つある」

などと、いつもと違うとか、過去問と同じかどうかなどを、瞬間的にそのテストの全体像から、読み取れるようにしていくといいです。

最初はなかなかできなくても、問題用紙をこのような視点で見ようと努める。始まりの一瞬にこれができるかどうかで、テストのスタートダッシュも効いて、全体としてスピードアップしていけます。

問題を読むのと同時進行で解答していく

「記述問題の解答欄を真っ白のままにするな」

とは、国語のテストを受ける際の基本中の基本。記述問題は合否の分かれ目となりやすく、ここが真っ白のままだと勝負できません。

ただ、この10年で、課題となる文章量はほぼ倍になりました。上位層でも「時間が足りない」と嘆く子たちが増え、最近よく相談を受けるところです。

では、記述問題の解答欄を真っ白にしたままテストを終わらせない、すなわち時間が足りるようにするためにはどうしたらいいか。一つのテクニックをお伝えしましょう。

記述問題を解くとき、通常は、

課題の文章を読む↓問題文を読む↓もう一回文章に戻って、問題で問われた部分を読み直す↓解答する

という順番で進めていく子が多いでしょう。

しかし、このやり方が通用する時代は終わっています。そこで、

課題の文章を読む↓問題に関連した傍線部に差しかかったら、その該当の問題を先に読む↓解答する↓文章に戻り、続きを読む↓再び問題に関連した傍線部に差しかかったら該当の問題を読む↓解答する↓文章に戻る

という手順で、テストを進めていく必要があります。

答えがわからなければ飛ばして読み進めてもいいのですが、文章を読むことと、解答することを同時にやっていく、それを基本として身につけていきましょう。

とはいえ、この方法を、最初から無理にやる必要は、決してありません。テスト経験を重ねて「時間が足りない」と感じ始めたら（小4後半から小5くらいに感じる子が多いようです）、ぜひ試してください。

同じように、算数もなるべく同時進行で解答していく技術を身につけてください。例えば、次のような問題があったとします。

「Aちゃんは B地点を出発して分速○mで歩いて、C地点に向かっています。Aちゃんが出発した△分後、DくんがC地点からB地点に向けて、分速○mで歩き始めました。B地点とC地点は△㎞離れています。AちゃんとDくんが出会うのは出発してから何分後ですか」

このような設問は、まず図を描いてみて考える子が多いですよね。

ここで時間配分のコツとしては、問題を読み終わってから図を描くのではなく、同時進行でどんどん描いていく。問題を読み終わったら図が完成している、という状態に持っていくのです。すると、グンと解答スピードがアップします。

このような取り組み方を習得することで、時間配分がどんどんうまくなっていくでしょう。

残り10分、取れる点数はこそげ取っていく

模試やテストで、

「ヤバイ！　残り10分なのに、大問が3つも残っている」

となったら、かなり焦ってしまうシチュエーションです。

こうなった時、やるべきは、問題を最後まで見通すこと。

そして、各大問の（1）の問題だけはなるべく解答しましょう。だいたい（1）は、基本的なことを問うことが多いので、得点できる確率が高いです。

102ページでも言いましたが、テストの**残り10分は、取れる可能性の高い点数を「こそぎ取りにいく」時間です**。

これはイメージですが、今の自分の学力が60点ならば、テストでは60点を、きっちり、まずは取りにいく。学力が60点なのに、80点や90点を取りにいく必要はないのです。

自分の学力の100%を点数にしてやる！　という気概を持って、できる問題を確実に解答していくことを意識してください。このようにして、テストの時間を有効に使って戦っていきましょう。

自分の中に「試験用体内時計」を作る

時間配分に悩む子は、こまめに時計を見るようにしましょう。

今はなぜか時計を見ない子が多いように感じます。

自分で時計を見て、時間を確認することなしに、やみくもにテストに向かっていってはいけません。「30分の試験時間」も「残り10分」も、まずは時間というものを主体的に自覚してこそです。

その上で理想は「体内時計」を自分の中に持って、その感覚を鍛えること。

普段から、勉強しながら「5分経ったな」と思ったら、時計で確認してみる。すると、ピタリと当たっていたり、3分しか経っていなかったり、逆にもう8分経っていたりします。15分間を計って勉強する、という方法も良いと思います。

それを繰り返すうちに、時間に対する感覚も研ぎ澄まされ、テスト時間を有効に使っていけます。

四則計算を速くする

「算数のテストがどうしても時間が足りなくなってしまう」

というお子さんへ。

とても基本的なことではありますが、四則計算のスピードを上げることを考えてみましょう。これが遅いと、どうしてもテストでは不利になりますし、日々の宿題も終わるのが遅くなってしまいがちで、時間を無駄に消費してしまいます。

「計算が遅いかも」という自覚のある子は、まずは「百ます計算」に取り組むのがおすすめです。

百ます計算（1桁）を、足し算・掛け算1分台前半、引き算2分前後を目標に、まずは1週間行います。

また、最初は「易《やさ》しい」と感じるレベルの計算ドリルにも取り組んでみましょう。具体的には『陰山メソッド　徹底反復　百ます計算』（小学館）を使うと良く、慣れたら同書2へ進みます。計算ドリルについて、何がいいかわからないという人は『予習シリーズ　計算　5年上』（四谷大塚）が良いと思います。

ところで、算数のテストで伸び悩むと、やたらと難しい問題をやらせて力を伸ばそうとする親御さんがたまにいらっしゃいます。しかし、伸び悩んでいる時に、手も足も出ない難しい問題をやらせても自信を失うだけです。

そもそも、どんな難問であっても、易しい問題の連続でしかありません。

まずは本人にとって「やや簡単だ」と感じるレベルの問題集を、「絶対にミスしない意識」を持って、1冊やり切ってみます。このほうが、むやみに難問に当たるよりも自信がつきますし、算数の力をグンと伸ばしてくれます。

難しすぎても「わかるところから」「丁寧に」やれば3ヵ月後には脱出する

勉強をしていて、手も足も出ない超難問にブチ当たることもあります。そんな時、周囲の子たちがスラスラと鉛筆を走らせている（らしい）様子が伝わってきたら、絶望的になって泣きたくなることもあるでしょう。僕も中学受験時代、何度も経験があります。

こんな時、子どもたちに教えてあげたい合言葉は、

「わかるところから」
「丁寧に」

難問に当たっても、この2点を自分に言い聞かせて、実行するだけで大丈夫。3ヵ月後にはだいたい、この状況を脱しています。

例えば漢字テストなどはわかりやすいと思いますが、「わかるところから」「丁寧に」取り組めば、いずれ満点を取れるようになります。

満点を取れないのは、漢字をそもそも知らない、覚えていないから、もしくはトメ、ハネ、はらいが丁寧でないから、です。まずはそこだけ変えよう、きっちりやり切ろうと心がければ、結果が変わってきます。

これは漢字テストだけでなく、他のテストも同じこと。**わからない時こそ「わかるところから」「丁寧に」を合言葉に、まずは3ヵ月、やってみましょう**。

5 論述力・読解力

とにかく読書。今まで読んでいなくても、まず1冊読み切る

僕のブログや過去の著書を読んでくださっている方には耳タコだと思いますが、大切なことなので、何度でも言わせてください。

受験で何よりも武器となるのは論述力、読解力。そして、これを身につけるためには**1に読書、2に読書、3に読書。とにかく読書、読書、読書です**（さすがに言いすぎか）。

「うちの子、全然、本を読まないんです」

と嘆くお父さん、お母さんもいらっしゃいます。そんな家庭でも、まずは1冊読み切る、という体験をしてみてください。**今まで本を読まなかった子ほど、読書習慣をつけると爆伸びします**から。

どんな本を読んだらいいかは、僕のブログや前著2冊でも紹介していますので、ぜひご参照ください。

僕の教え子の中で、読書量がものすごかった、Hちゃんという少女がいます。

初めて授業に行った時、

「今は島田荘司のミステリーを読んでいる」

と言ったので驚愕《きょうがく》。後にも先にも、この作家の名前を挙げた小学生はいませんし、僕もうれしくなって、しばらくミステリー談義で盛り上がってしまいました。

Hちゃんは日能研生でしたが、小6の12月になっても『メモリーチェック』の仕上げが芳しくなく、ピッチを上げてやってもらいました。計算、漢字演習もあまりいいできではありません。偏差値で言うと50弱くらいにとどまりました。

「うーん、これはかなり厳しい戦いになるぞ……」

と、僕は内心思っていました。

しかし結局のところ、お正月に頑張ってくれたこともあり、栄東の合格を取ったのです。僕にとってはうれしい誤算。栄東は得点を教えてくれますが、聞くと、国語は突出して高得点でした。


Hちゃんはその国語力を武器に、力わざで中学受験を突破した、なかなかないケース。ちなみに今もたくさんの本を読みながら、部活も勉強も頑張り、学校生活を楽しんでいるそうです。

この話は、Hちゃんを見習って、「本を読んで、国語力だけで中学受験をやり切ろう」という趣旨ではありません。そもそもHちゃんの読書量は並の小学生ではほぼ無理です。

しかし、受験において最後の伸びを見せる子たちの条件として、ある程度以上の読書量が欠かせないことは断言しておきます。

振り返ると、本を全く読まないまま難関校に受かった事例も、過去に1件、あるにはあります。しかし、御三家に行ける実力ではあったのに、その下のレベルにとどまりましたし、その後も現役で東大に行ける力があったのに、浪人を余儀なくされています。

　とにかく、本を読むという行為が授けてくれる宝物を、一人でも多くの子たちに手にしてほしいです。語彙《ごい》を増やしますし、論述力、読解力を高め、そして思考力をも育んでくれます。

人生初の“読書禁止令”発令!

Yちゃんは
読書大好きっ子
1週間に10冊
読むことも!
このままじゃ
成績にも影響
しかねないな……
泣く泣く初の
「読書禁止令」を発令!
こころ
勉強に役立つ
夏目漱石以外は
禁止!
漱石も読破〜!
ははーっ
参りました

また本を通じて、違う世界に没入することは、他者を知ること。想像力や思いやりを育ててくれます。ということは、自分の人生をも豊かにしてくれるということ。これほどの力を授けてくれるのは、読書をおいてほかにないのではないでしょうか。

僕は今、年間100冊ほどの本を読むことを自分に課しています。そして、毎年の積み重ねが見識を深めてくれて、人生を底支えしてくれているのを実感しています。

中学受験が一つのきっかけでいい、ぜひ読書の「翼」を授けてあげてください。必ず、お子さんは大きく羽ばたきます。

ハリー・ポッター全巻を読んだ子は合格する

この法則、僕のブログの中で初めて紹介したのが10年ほど前でしたが、いまだにこの魔法は解けていません。

ハリー・ポッター全巻を読んだ子は、志望校に合格します。

正直に言うと、

「うちの子、読んだけど、合格しませんでしたよ?」

という声も過去1、2件、あるにはあるのですが、概して、偏差値60前後（サピックスなら52くらい）はいくことが多いです。ですので、受験生の参考となる「法則」としては、やはり、自信を持って紹介しておきたいと思います。

最初にこの魔法に気づいたのは、Iくんがきっかけでした。

Iくんは探究心があって、社会のニュースから都市伝説に至るまで、僕とは、授業の合間にもいろいろな話が弾んでいました。

受験生としては演習が圧倒的に足りなかったので『プラスワン問題集』をやるなどして演習量を稼ぎ、最終的には、市川と東邦大東邦に合格しました。小学6年生の11月の時点では市川の過去問に30点ほど足りていなかったので、最後に良く伸びたパターンです。そのIくんがハリー・ポッターが大好きで、何周も読んでいました。

27ページで、Iくんのことを話したらすぐ真似をした、今は巣鴨生となったBくんの話をしました。

Bくんはテストの時間が足りないという事態が小学4年生後半から始まっていて、小学5年生でさらにひどくなっていました。

典型的な「小学5年生の壁」でもあったのですが、ハリー・ポッターを読み進めるに従って、解答用紙がとりあえず「最後まで埋まる」ように。これまで書けなかった算数の途中式も記せるようになりました。

今でも思い出すのですが、ある日彼を教えていて、僕はふと不思議な感覚に陥りました。

「うん？　Bくんの受け答えがなんとなく変わったかも？　なんだかまるで、上位層の子と話しているみたいや」

それが、ちょうど彼が『ハリー・ポッターとアズカバンの囚人』まで読み進めたころです。壊滅的にダメだった国語、そして社会の点数もはっきりと伸び始めていました。

「これは、ハリー・ポッター効果だ！」

と、僕は「魔法」を確信したのです（ちなみに、その後ハリー・ポッターを読まなくなった一時期、成績が下降するという驚きの現象も起きました）。

ハリー・ポッターがなぜいいのか。ここで改めて、ポイントを考えてみます。

ハリー・ポッター　良書のポイント

- ある程度の文章量がある
- シンプルに面白い
- キャラクターの違い、独特の世界観が際立っていて、没入体験や心情理解のきっかけとなりやすい。少なくとも、読むだけでその刺激はある
- 海外の文化に触れることができて、見識が広がる。一方で、国や人種、文化が違っても、人は同じなのだということもわかる
- 映画、テーマパークなど、子どもが興味を持つ入り口も複数ある

などでしょうか。

もちろん、同じ効果がありそうならば、ハリー・ポッターではなく、他の小説でも全く構いません。今まで読書習慣がなかった子こそ、ハマれば伸びやすいです。

「ハリー・ポッターを読むと、合格するらしいよ〜」

という甘～いささやきで、ぜひお子さんを読書へ誘ってください。

「200字論文」で論述は最強になれる

論述がどうも苦手、という子は多いです。大人も簡単には教えられない気がして、悩ましいジャンルです。しかし**苦手派が多いからこそ、「論述力」という武器を身につけると、最強になれます。**

論述力をいかにつけるか。僕がよくおすすめするのは「200字論文」演習です。

僕にまだ余裕があって、レギュラー授業を受け持っていたころ、御三家を目指すJくんには、次のように指導していました。

一つのテーマに対して、次の週までに、なんでもいいから200字を書いてもらいます。

例えば、「消しゴムとは何か」というお題を出したとしましょう。消しゴムを見たことがない人に説明するという文章でもいいし、自分にとって消しゴムとはどんな存在か、という文章でもいいので、まずは200字を書いてもらいます。

そして、それを僕が添削し、次の週は別の課題で書いてもらいます。

当時、何人かこの演習をやっていましたが、Jくんがいちばんハマったようで、「なんか楽しい」と面白がるようになり、それにつれて文章もみるみる論理的で、洗練されたものになっていきました。


実は、最初のころ、Jくんの書く字は汚く、ひらがなぐせも目立っていました（社会で御成敗式目を「ごせいばいしきもく」と解答するくらいでした）。

「こんなんでは、御三家は難しいよ。とにかく字だけでもきれいに書こうよ」と僕が諭すと、Jくんは最初渋っていましたが、徐々に気をつけるように。やがて自分から、丁寧に書くようになりました。同時に、なるべく漢字も使うようになって、2ヵ月後くらいにはすっかりひらがなぐせも直りました。

毎週200字を書き慣れて、文章そのものにビビらなくなったこと、「○○だから○○だ」という論理の基本が、なんとなく頭に入ったこと、漢字を書けるようになったことなどなど、200字論文で得たことは、Jくんの強い武器となりました。

サピックス生だったJくんは偏差値50～52をずっと推移していました。しかし最後のクラス分けでアルファ2（上から2番目）に入り、模試もじわりと調子を上げて偏差値「55」。御三家には届いていませんでしたが、僕には、

「これはいけるんちゃう？」

という読みがありました。結果的に、塾には受験を反対されたという、渋谷幕張と麻布の合格を取りました。

Jくんとは長い付き合いになっていますが、今は、映画、アーチェリー、能と、自分の興味をどんどん広げて楽しんでいます。

「30字論文」から始めてもいい

「200字論文の演習をすると、最強になれる」と前述しましたが、ちょっと大変だ、という子は「30字」から始めてもいいです。

30字、50字、80字、100字のうち、本人がやりやすそうだと感じる文字数からやってみましょう。

いずれも親が添削する場合、大変だと感じるかもしれませんが、日本語としてへんでないかどうか、誤字・脱字、読点の打ち方をチェックすれば良く、内容に関してはノーコメントで大丈夫です。

実際、文章を書き慣れていない小学生は、

「Aなので、Bなので、○○です」

などと、同じ言葉を繰り返してしまうレベルだったりします。

そこで、日本語として正しくしてあげる、その程度で十分です（読点については124ページに譲ります）。

補足ですが、論文のテーマについて、僕は「君にとって中学受験とは何か」「君にとって勉強とは何か」「家族とは何か」などと、わりと哲学的な問いを投げかけることが多いです。

このような問いは、万人に共通する正解がないのが面白いところ。

論文演習はさておき、時に、**哲学的な問いを小学生の子どもに投げかけてみるのも**

いいものです。

問いについて考えてみるだけで、頭脳の刺激と、自分の考えを言語化してみるという練習になります。

また、思いがけない答えが返ってきたり、案外辛らつだったりして、親子のコミュニケーションを深めるきっかけになります。大人も楽しんでみてください。

読点を打つ

ここ10年の変化なのですが、子どもたちが文章を書く時に、読点を打たないという傾向が目立っています。

多くの漫画から読みやすさ追求で読点が消えたことなどが関係しているのかもしれませんし、もしかしたら、小学校でちゃんと教えないのかもしれません。

その理由ははっきりとはわからないのですが、一つのスペースに、詰め込めるだけ詰め込んで文章を書く子が、トップ層も中堅層も関係なく増えています。

中学受験のテストでは、キーワード採点、つまり決められたキーワードを網羅しているかどうかで採点されることが多いです。

塾の指導などもあり、子どもたちは読みやすさよりも、一つのスペースにキーワードを詰め込むことに意識を取られているという要因もあるでしょう。

しかし、**本来読点とは、文章を読みやすくするために打つもの。つまり「他人に伝える」という意識に基づくものです。**

子どもたちには「読点を打つ」ことを教えていきましょう。

例えば、

「メダカたちはゆらゆら揺れて、光る水の中を泳いでいます」
「メダカたちは、ゆらゆら揺れて光る水の中を泳いでいます」

という文章では、意味が違いますよね。

自分が本当に言いたいことは何か。

正しく相手に伝える能力を磨かなくては、上位難関校に合格できませんし、長い目で見ると大学レベルの論文としても通用しません。さらにはコミュニケーション能力にも関わってくることだと僕は感じています。

読点は相手に読みやすく、意味が正確に通じるように打ちましょう。もし迷ったら、声に出して文章を読んでみて、自然に息をつくところに打っていけばＯＫです。

言葉とは、文章とは、他人に伝えるためにあることを、子どもたちにはぜひ教えてあげてください。

6 運

夢を叶えるには「ツキ」も不可欠

長い間家庭教師をしていると、いいクジを不思議といつも引き当てる子、というのに出会います。

「前の晩にたまたまチェックしたところが入試に出ちゃった」

「たまたま僕のコンサル枠に急なキャンセルが出て、その直後に問い合わせがあり、すんなり予約を入れられた」

などです。見えない「ツキ」がある子たちです。

僕はよく「めぐりの良さ」とも表現しているのですが、

「いいタイミングで、良い塾の先生と出会う」

「ちょっと落ち込んでも、いいタイミングで、いい参考書が手に入る」

「いいタイミングで、自分に合った学校が見つかる」

なども、ツキがあるパターンです。

「おお、このタイミングで、この問題集をやることになったか」

「そのタイミングで入塾したのが日能研だったか。それは運が良かった」

「いいタイミングで挫折したなぁ」

などと、玄人の目から見て極めて絶妙な出会いを果たしていきます。


これには逆のパターンもあって、どうにもツキに恵まれず間が悪い子、というのもいます。例えばせっかく公文などを習う機会があっても、その子にとって、何らかの要因で「やるにはまだ早かった」ということもあり得ます。こうなると「めぐりが良い」とは言えず、空回りしがちになってしまいます。

さて、この見えない「ツキ」を引き寄せるにはどうすればいいのか？

大谷翔平選手が目標を実現するために書いたマンダラチャートでは、中央の8マスのうちの一つが「運」になっています。これこそがツキです。

また、「人間性」「メンタル」などと合わせて、3つを内面性に関わることに使っています。

大谷選手もまた、夢を叶えるためには、技術面ばかりでなく、内面を磨くことも不可欠だと考え、実践しているわけです。

はっきり言って、**学力だけ上げても奇跡は起こりません**。運と、受験生としての人間性とメンタルも磨いてこそ、合格を現実のものにすることができます。

「運は〝運ぶ〟という字を書く」

これは中学・高校時代の恩師であり、現東洋大学附属姫路中学校・高等学校の校長である、大森茂樹先生の言葉です。僕は今でも大切に、胸に刻んでいます。

当時大森先生はテニス部の顧問でもあり、テニスにからめて、よく「教え」を僕らに説いていました。

「試合で負けていても、あきらめずに足を運び続け、玉を拾い続けよう。そのうち相手が勝手にミスをして、必ず流れが変わって、運が自分に向いてくる。自分から足を運べ、体を運べ。あきらめずに行動を起こし続けた人に、必ず運は味方するんや」

そして教えのあとには、

「勉強も同じじゃ」

と、必ずおっしゃっていました（笑）。

運は自分から足を運んでこそ、つかむもの。大谷選手のマンダラチャートも参考にしつつ、中学受験版の「行動プラン」を考えていきましょう。

この項からは、目には見えない中学受験の「ツキ」を呼び込むための法則をお話ししていきます。似た話の繰り返しになる部分もあるかもしれませんが、どうぞ自分たち親子なりの目標と行動を考える材料として、お読みいただければと思います。

中学受験の「運」は家庭単位。親も「徳」を積んでいる

20歳までは親の運勢が子どもに影響するという説があるそうです。その真偽はわかりませんが、子どもの中学受験のツキは間違いなく親も深く関係している、と僕は思います。

受験の運とは家庭単位で測れるもの。これまで出会った「めぐりの良い子」の親は、お父さん、お母さんにもある種の「徳」が感じられるからです。

「めぐりの良さ」、つまりツキを持っていた教え子の代表例は、Kちゃんです。小学6年生の4月に中学受験をすることに決めて、その時点で偏差値34（四谷大塚）。しかし秋には64まで伸びて、最終的には難関女子校2校、公立中高一貫校に合格しました（後に京都大学理系に進学）。

もちろん彼女を合格に導いた要素は他にもあって、それは後述しますが（149ページ）、塾、問題集、志望校、勉強環境の選定など、プロから見ても「センスが良い」

チョイスを取り続けて、10ヵ月を走り抜きました。

このKちゃんのお母さんがとても温厚な方でした。子どもの勉強に関しては、どちらかというとあまり干渉せず、おおらかなタイプです。際立っていたのが、いろいろなことに興味や関心があって、良い人やものを見つけてきては、周りの人に紹介していたこと。人に喜んでもらいたいという心が自然に備わっていて、それが押しつけではなく、ごく自然に「そうせずにはいられない」という感じ。実際、僕自身もこのお母さんから、何軒もの家庭にご紹介いただいています。

だからといって、お父さん、お母さんに今日から人格者になれという話ではありません（僕を他の家庭に紹介してという話でもないですよ）。

大谷翔平選手の「ゴミ拾い」のように、**徳を積む方向性で、すぐにできる小さな行動を考えてみてください**。それこそ、ゴミ拾いやトイレ掃除、あいさつでもいいと思います。きっと家庭全体で「ツキ」を呼び込むことができます。

中学受験は親子の「距離感」が9割

家庭教師として僕が呼ばれる家庭というのは、受験勉強に行き詰まってしまって、現在困っているところがほとんどです。「究極の受験セカンドオピニオン・スーパーコンサル」などと銘打っていますので、中学受験の勉強が極めて順調です、という家にはニーズはあまりありません。

多くの悩める家庭を見てきて、とりわけ病んでしまったお母さまたちの声を聞いてきて、1つの確信があります。

行き詰まるのは、親子関係の距離感が行き詰まっているから。つまり、**親と子が近づきすぎていることに、中学受験のトラブルの9割は起因しています**。

親が距離感を変えることで、子どもの状態も改善して、その結果、成績もプラスに向かっていく。こうしたケースを、この20年以上、何十軒見てきたでしょうか。

前項で、「中学受験の運は家族単位。親も徳を積んでいる」と述べました。徳を積むと考えると、なんだか大げさになってしまうかもしれませんが、近くなりすぎた距離感を正す、と考えると、少し気がラクになる人もいらっしゃるのではないかと思います。

- **親が過干渉だったところを、距離を取るようにする**
- **子どもに対する声かけを変える**
- **親がおおらかになる。もしくは、せめておおらかなフリをする**

などです。

距離が近すぎると、親も子もお互いに相手がどうしても気になり、窮屈になっていきます。目線はゴールにだけ向けて、戦っていきましょう。

7 人間性

中学受験の運アップのためには子どもの「人間性」も必要

僕はどんな子も、自分から見放すことは決してありません（先方から呼ばれなくなることは当然ありますが）。

どの子にも同じように接しますし、えこひいきも決してしませんが、事実として、「応援したくなる子」というのはいるものです。

それほど成績が良くなくても、前向きな子。

僕が言ったことをとりあえずやってみる子。

僕が行くと、シンプルにうれしそうにしてくれる子。

一言で言うと「素直さ」という素質だと思いますが、こういう**「なんとなく助けてあげたいな」という気持ちを呼び起こす子は、結局、最後に強いです**。大人は見過ごしがちですが、大切にしてあげなくてはならない要素です。

大谷選手の「運」の8マスに注目してみると（9ページ参照）、例えば「応援される人間になる」や「審判さんへの態度」などが入っています。そして「人間性」のマスには「愛される人間」が入っています。

運と人間性が深くつながっていることを、彼は理解しています。

中学受験生も同じ。**お子さんなりに「応援される中学受験生」をイメージしてみてほしいのです**。

例えば、あいさつをされないよりはされたほうが、周りだって気持ちがいいですよね。当たり前のことでも、言葉にしておいて（＝64マスの1つに入れておいて）、意識して行動できるようにすると、「志望校合格」への道につながります。

ネコがいる家庭は受験に強い（検証中）

途中いろいろなことが起こっても、最後の最後に合格を勝ち取ったタイプの家庭のことを考えていたら、ネコがいる家庭が多かったことに気づいたので、法則としてピックアップしてみました。

要は、家庭の中に〝癒やし〟があるかどうか。そこにポイントがあるのだと思います。もちろん、ネコを飼ったからといって、全員が合格するわけではありませんので、ご注意を！　これがイヌや金魚、カブトムシでもいいと思いますし、観葉植物でもいいような気がしますが、ネコ独特の気まぐれで気ままな存在感に、より癒やし効果があるのかもしれません（いまだ検証中です）。

戦士たる子どもが、**家の中でふっと肩の力が抜けるものがあるかどうか**、考えるきっかけにしてみてほしいと思います。

一方で、ペットを飼う時に知っておいてほしいことがあります。

ペットがいる家庭で、子どもがイヤイヤ勉強していたり、親子関係にトラブルがあったりすると、どうもそのストレスをペットが吸ってくれているのでは、としか思えない事象に出くわします。ペットが病気やアレルギーを発症してしまったり、早死にしてしまったり……。僕も最初はまさかと思いましたが、多くの家庭にお邪魔してきて、どうもそのようなことは本当にある気がします。

大切な命のためにも、お子さんには、決して中学受験を強要することのないように、その意義について話し合ったり、十分にコミュニケーションを取ったりしてほしいと思います。

根拠がなくても「自信」がある子はなぜか合格する

偏差値が10以上、上の学校に合格する。不合格を食らい続けても、最後の最後に合格する。順当に行くタイプではなく、この2パターンで中学受験のミラクルを果たす子に共通するのは、どこか「自信」があることです。

自信があるかないかは、努力で決まる……などと大人は考えてしまいますが、どうもその根拠が明確になくても「自信」がある子というのもいて、こういう子はやっぱり最後に、なんか合格していきます。


「はじめに」で紹介したAくん。某男子校に合格して、お母さんが、

「信じられない。合格しました」

とメールしてきたAくんは、根拠なき自信がある典型的なパターンでした。

1月受験からスタートして、複数の不合格を食らっていましたが、そのことを全く意に介さず、いろいろな学校に挑戦し続けていました。そのうち最初に受かった学校が気に入って、

「僕、この学校に行こうかなあ」

などと言い始めたりもしていました。

最後に合格した某男子校も、なんと前日に受験を決意。

「長谷川先生。明日、○○中学、受けてきます」

と、突然お母さんからメールがきて、

「へ？　○○中学？　なぜ？」

と、僕も面食らいました。それまでにAくん親子から、その校名が出たことが、記憶する限りなかったからです。

「なんか本人によると、過去問やったら相性が良い気がしたそうです。なんとなく大丈夫な気がする、だそうです」

「そ、そうですか。Aくんに頑張るように伝えてください」

「はーい」

こうして「空気も読まずに」受験して、Aくんはその某男子校に、いわばミラクル合格を果たすわけです。

お母さんがおおらかなタイプで、子どももおおらか。僕は、

「このタイプの親子は逆転合格パターンやな。ひょっとして……」

と口には出さずに思っていましたが、期待通りに、その定説を証明してくれたわけです。

根拠のない自信とは、結局、「自己肯定感の高さ」でもあります。

最近、「自己肯定感」は親御さんを刺激するワードのようで、僕もよく、

「自己肯定感の高い子どもにするにはどうすればいいのですか」

「うちの子、自己肯定感が低いみたいなんです」

という訴えを受けるようになりました。

しかし「自己肯定感の高い子に育てよう」などと考えると、それこそ目標が曖昧《あいまい》で高くなりすぎてしまいます。そこで、ポイントとしては、

- **なるべく親御さんがおおらかでいる**
- **小さな「できる」を積み重ねる**
- **常に子どもを励ましてあげるスタンスでいる**

このようなことを心がけ、またはせめて「その逆をしない」ようにするだけで、お子さんの自信は、ゆっくり育まれていくのではないでしょうか。

ちなみに、考えてもどうしてもわからない時は、**親子で筋トレを始めてください**。

これは冗談ではなく、真面目なお話です。

小さな「できる」を積み重ねていけばいいのですから。また48ページで紹介した通り、合格をするには「体幹」も必要です。

頭で考えるより、運動習慣をつけるほうが、案外自信が育まれます。体からのアプローチは超おすすめです！

ドカーンと失敗できる子はドカーンと逆転合格できる

日ごろどんなにしっかりしている子でも、中学受験での不合格はショックなもの。特に最近は少子化の影響もあるのか、大切に丁寧に育てられた子が多いので、挫折に慣れていません。たった一つの不合格の報で、目も当てられないくらい打ちのめされてしまう子も多いです。

受験する前は、

「今度受ける学校はお試し受験だから、受かっても行かないし。ダメならダメでいいし」

などと鷹揚《おうよう》に言っていても、大失恋を食らったくらいに、しょげてしまったりもします。

特に順調に勉強を進めてきた子ほど、人生最初の大挫折になってしまうようです。

しかし、僕はあえて言いましょう。

ダメだった時に、「へなちょこパンチ」でいい、絶望の中でどんな小さなことでもできることを探してやれるか、気持ちを奮い立たせて「攻め」に転じられるか。

「あの時ダメだったけれど、○○校に合格できた」というミラクルに転換できるかどうかは、日ごろからメンタル面での準備をしているかどうかで決まります。

それでは、具体的にはどうすればいいのでしょうか。

一つはっきり言えるのは、**親も子も日ごろからどんどん「失敗慣れ」をしておくべき**だ、ということ。失敗しても「へなちょこパンチ」を出せばいいだけなんだと、心得ておけばいいのです。

模試で問題を読み間違えた。名前を書き忘れた。計算間違いをした。漢字のトメとはらいを間違えた、など、どんどん日ごろから「失敗」を重ねておきましょう。そのような意味で、模試やテストの機会をどんどん活用します。

小さな失敗にいちいち動揺せず、

「これで失敗にまた一つ慣れたね」

と、次に向かっていく。こうすることで、結果的に、本番に強くなっていけます。

親御さんにとっても、子どもが模試でケアレスミスをしたからといって、ガミガミ叱っていては意味がありません。

「これが本番でなくて良かった」

と心から安堵し、

「これで私も、失敗慣れできた」

と、自分をほめればいいだけです。

ドカーンと失敗できる子が、ドカーンと逆転合格できるのです。

「最悪の想定」を繰り返しておくと、怖いものはなくなる

僕が見てきて、入試本番で失敗してしまう家庭は、日ごろから最悪の想定が甘かった、という傾向があるように感じます。

もし当日、発熱したら。

もし連続で不合格だったら。

もし地震や大雪などで電車が止まったら。

このような事態は考えたくもないでしょうし、多くの人が避けがちです。

しかし、親御さんだけでも頭の中でシミュレーションを繰り返し、イメージに慣れておくことで、恐怖感も薄らいでいきます。

入試期間中、想定外のことが起こるのは、本当によくあることです。

万が一、当日「ヤバイ」状況が起きたとしても、最悪の想定のシミュレーションよりはマシかもしれませんし、「こうきたか！」と一瞬思えれば、案外落ち着けるものです。

親が腹のすわった対応を見せることで、子どももなんとなく落ち着きます。そこから、大逆転ストーリーが始まることもあります。

さらに言うならば、本当は、**中学受験の不合格さえも、人生においては失敗慣れの機会の一つになり得ます**。しかし、その話は長くなりますので次の章に譲りましょう。

最優秀層は「思いやり」のある心優しい子が多い

中学受験とは「思いやり」がいちばん重要なのではないか、と最近よく考えます。

合格する家庭の親には、子どもに対して、根本的な「思いやり」があります（もちろん思いやりがあっても不合格になる場合はあると思いますが）。

また、優秀な子と伸び悩む子の違いも、思いやりがあるかないか、とも言えるのです。

採点者や問題作成者への配慮という面だけでなく、その子が自分自身をちゃんと大切にしています。

例えば、テスト中でも「10分後の自分」に対する思いやりがあれば、問題一つを解くにしても、途中式を書いたり、わかりにくいメモは避けたりなど工夫が始まります。また、

「もしここでケアレスミスをしてしまったら、一生懸命やった自分がかわいそうだ。頑張ってミスしないようにしよう」

などと発想するようにもなるでしょう。

最近の子たちは、

「自分なんてダメだから……」

と、なぜか言いがちです。

お子さんがこのように発想しているということは、実はその親御さんの中にも「自分なんて……」と無意識に卑下してしまっている方が多いのかもしれません。

ぜひ、お子さんには自分自身をうんと大切に思うことを、教えてあげてください。

中学受験という競争の中、他の誰かと比べて、自分をほめるのではなく、自分が自分

をそのままで大切にしてあげて、そしてこの戦いに臨んでほしいです。

僕は長くいろいろな子どもを見てきましたが、他の子に対して優しさを持てない子は、どんなに頑張ったとしても普通のトップ層にとどまっているように見受けます。普通トップ層から突き抜けて、さらに上、超難関校に選ばれていく子たちは、意外に感じるかもしれませんが、心優しい子揃いです。

もちろん中には〝イヤなやつ〟も多少いるのでしょうが、僕が見る限り極端に少なく、基本思いやりにあふれていて「なんか次元が違うなあ」と感じてしまいます。

中学受験は他の子たちとの激しい競争の場ではあります。

しかし、その本質は、**自分をうんと大切にして、他人にも気を配れるという、深いレベルでの「思いやり」を体得できた子が最後に勝ち抜いていく**、という場でもあります。

お子さんも、そして親御さん自身も、まずは自分を大切に思いやる、という発想を持って、中学受験に臨んでいただければと思います。

「このままいくとヤバイかも」と焦ることができる子が行動を起こしていける

131ページで紹介した「めぐりの良い」子代表のKちゃん。Kちゃんは小6受験スタート組で、僕には何度も、

「私は、遅れているから」

と言って焦っていました。Kちゃんが結局複数の難関校の合格を取ったのは、この「焦り」にも勝因があったと思います。

焦りには、いい焦りと悪い焦りがあります。

いい焦りは、ちゃんと現実を見て、行動につなげられること。

悪い焦りは、現実から逃げて、行動に結びつかないこと。

Kちゃんの場合は「いい焦り」でした。勉強を始めて1ヵ月、最初に受けた模試で偏差値34でした。

「1ヵ月しかやっていないから、まあこんなものだろう」

と僕は言ったのですが、Kちゃんは、

「私、このまま入試当日を迎えたらどうなるんだろう？」

と、逃げずにちゃんとイメージしたようです。

そこから勉強ペースに拍車がかかりました。僕が言った100を「120」で毎回仕上げるイメージで進めていったのです。

だいたい僕が言っても、普通の子は80くらいの仕上がりであることが多く、それでもまあOKとするのですが、Kちゃんは、それを常に上回ってきました。しかも「自分が受かりたいからやっている」とはっきりしていて、そこに焦りはあっても、悲壮感はほとんどありませんでした。


正直、Kちゃんは他の子に比べてしっかりしていて、精神年齢が高い部分もありました。これを読んで、

「うちの子は子どもっぽいから、無理だな」

と感じてしまう家庭もあるでしょう。しかし、

「このままいったら、受験当日どうなるかを想像してみよう」

というのは、どこの家庭でも試せる、一つの心理的テクニックでもあります。

例えば、ダイエットをする時に、「完璧に痩せた自分」をイメージしてはいけないそうです。脳はイメージに影響を受けますから、それで満足してしまうことがあり、努力しようというスイッチも入りにくくなってしまうのです。

イメージトレーニングと言うと、「理想を強くイメージするほど、現実化する」と思い込んでいる人もいますが、少し違うのです。


バンド仲間も時が流れて……

僕はプロの家庭教師であり……
甲冑メタルバンドのベーシスト！
今のバンドに加入して早8年
みんなバッキバキだぜ!!
時は流れ……バンド内受験相談も増えそうです（笑）
きっちり

受験勉強も、ニュートラルに、

「このままいくとどうなるか？」

と、その子なりにイメージしてみる。**怖がるのではなく、不安や焦りをちゃんと感じてみて、それを受け止めてみる**。すると「ではどうしたらいいか」が見えてきて、結果として自発的な行動に結びつけやすくなるようです。

もちろん、最初はうまくいかなくてもいいです。想像するだけで脳には刺激になり、それだけでも意味はあると思いますので、まずはやってみてください。

「子どもの4タイプ」を知って親が「声かけ」を使い分けるとうまくいく

親が勉強しなさいと言う前に、ほんの1問だけでも「自分から動ける子」は伸びていきます。これは間違いありません。しかし、

「それができれば苦労しませんよ……」

と、深い深いため息をつかれる親御さんもいらっしゃるでしょう。

そこで、前著でも紹介した、「子どもの4タイプ」を改めて紹介します。これは敬愛する岡田斗司夫さんの理論をもとに、僕が考えたもの。実際に僕自身が家庭教師先でよく使っています。

「勉強しようね」と、同じ言葉をかけたとしても、子どもによってそれが刺さるかどうかは全く違います。ぜひ参考にしていただいて、親子の信頼関係構築にお役立てください。

子どもの4タイプ

他人の目を気にする
1
「おませ」タイプ
2
「委員長」タイプ
子どもっぽい〈感情的〉
大人びている〈論理的〉
4
「ぼっちゃん」タイプ
3
「かたぶつ」タイプ
周りが見えない

1 「おませ」タイプ

キーワード

見ていてほしい。仲良くしたい

特　徴

他人の目や評価をやたら気にする。
女子に多い。服装に気をつかう。
親も一緒に勉強してほしい。
親の不機嫌な顔が嫌。
いがみ合うくらいなら自分が引く。

声かけのポイント：受験勉強編

愛される、平和がポイント。
実利を言われてもピンとこない。

○頑張って勉強して、あなたがヒーロー・ヒロインになるんだ！

○賢くなると、弱い人を助けてあげられる人になれるよ

○SNSのプロフィール欄に○○大卒って書くところを想像しよう

×勉強したら、将来儲かるよ

×○○校に行って、△△ちゃんに勝とう

2 「委員長」タイプ

キーワード

勝つのが好き

特　徴

高い論理性を持つ。
他人の目をある程度意識するため、
学歴の高さを気にする。
①おませタイプと似ているが、
このタイプはそのための努力を惜しまない。
みんなから見て「良い学校」が好き。

声かけのポイント：受験勉強編

世間的な評価を示してあげる。
他の人の利では動かない。

◯コスパ最強は東大だよ

◯医者とか官僚とかってすごいよね

◯勉強しないとダサいことになるよ

✕他人の気持ちを考えなさい

✕学歴やお金だけが全てじゃない

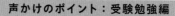

3 「かたぶつ」タイプ

キーワード

「わかる」のが好き

特　徴

高い論理性を持ち、周りを見ず独断で突っ走ってしまう。本人にはそのつもりはなくても、他人には「かたぶつ」に見える。「こだわり」が自分の中で完結しているので、空気を読めない発言も。親や先生の言うことをあまり聞かないが、成績はいい子が多い。「わかるのが好き」なので、テストが悪くてもなぜ悪いかがわかると楽しい。

声かけのポイント：受験勉強編

「法則とその検証」を促すと動く。
マイペースを邪魔されたくない。

○コレとコレをすれば偏差値60までいくんだよ

○今できないのは、正しいやり方でやってないから。
　やり方を研究してみたら？

○良い学校に行けば同じ趣味の子に出会えるよ

×一緒にやろうよ

×塾の先生に聞いてみたら？

4 「ぼっちゃん」タイプ

キーワード

達成が好き

特　徴

「自分がやりたいこと」が何より優先。
他人の言うことを聞かない。
マイペースで世間知らずのおぼっちゃん・お嬢ちゃんタイプ。
「受験はこうあるべきだ」が、
自分のやりたいことにハマればうまくいく。

声かけのポイント：受験勉強編

「好きなこと」と「尊敬する人」がカギ。
常識的なことの強要は拒否。

◯いい学校に行くと、好きなことをもっと高いレベルでできるよ。レベルの低い子と同じ教室にいるの、嫌じゃない？

◯あなたが尊敬している△△さんも勉強したほうがいいと言っていたよ

◯君の理解者はきっと現れるし、そういう学校に行ったらいい

×普通の人は○○する。あなたも○○しなさい

×勉強しないと、○○になっちゃうよ

4タイプ よくあるQ&A

講演会や訪問先などで反響の高い「子どもの4タイプ」。よくある質問にお答えします。

Q1 **うちの子、どのタイプかはっきりしないです。委員長タイプのようでもあるし、おませタイプのようでもあるし……。**

A まだ小学生なので、あまり本質があらわになっておらず、「なんとなく、このタイプかな?」というくらいにしかわからないことがあります。成長とともに（中学生以降くらいで）はっきりしてくるでしょう。

この場合、タイプの移行は、①おませタイプか委員長タイプ、②かたぶつタイプかぼっちゃんタイプの、2パターンのいずれかになるでしょう。154ページの図で、上の2タイプが下の2タイプに、または下の2タイプが上の2タイプに移ることはほとんどないからです。

タイプが上か下かというのは、その子の本質が外向的か内向的かであり、この特性は幼児のころから明確に出やすいです。何も強制せず自由にさせた時に、その子が一人遊びをより好むのか、人と遊ぶのをより好むのかで、わかると思います。

また、上下のタイプの入れ替えがほとんどないように、対角線上のタイプに移行することも、ほぼありません。

ちなみに、対角線上にあるタイプ同士（おませタイプ×かたぶつタイプ、委員長タイプ×ぼっちゃんタイプ）は、違いすぎてお互いに「あの子のことはわからない」と感じます。しかし自分とは違うタイプなのだと一度理解できると、長続きする関係となります。

Q2

わが子を見ていると、ある時はかたぶつタイプのようであり、ある時はぼっちゃんタイプのようでもあり、日によって変わる気がします。こんなこともありますか？

A

その子にとって、時計回りで次のタイプは「憧れる」人で、反時計回りで次のタイプは「下に見てしまう」相手です。

面白いもので、一人の人間でも、調子がいいときは時計回りで次のタイプの傾向が出るし、調子が悪いと反時計回りで次のタイプの行動に出やすくなります。

例えば、ある教え子の女子高校生は典型的な「おませタイプ」。今高校2年生で大学受験の準備中ですが、通常は慶應義塾大学文学部を志望しています。

ところが調子がいいと、委員長タイプ寄りになり、世間の評価を求めて「思い切って東大を目指そうかな」などと言い始めます。逆に調子が悪くなると、ぼっちゃんタイプ的な発想となって「芸大とか美大もいいかも」などと言い始めます（笑）。

極端に調子や気分の波に左右されていない、平常時の、ニュートラルなお子さんの様子でタイプを考えてみてください。

Q3

兄弟姉妹で違うことはありますか？

A

ありますﾠ。と言うより、兄弟姉妹で違っていることのほうが多いし、親子でも違うことが多いです。これは生物の「生存戦略」として、本能から、無意識に違ってくるのではないかと僕は考えています。親御さん自身も、自分がどのタイプなのかを考えてみて、お子さんとの違いを踏まえながら、日々の声かけにお役立ていただければと思います。

8 メンタル

学力は入試終了の日まで、1日単位で伸びる。あきらめない精神を持つ

学力というのは1日単位で伸びます。特に小学生の伸びしろは驚異的で、**入試期間である数日間の間に爆伸びする、というパターンも決して珍しくありません**。

模試がなく偏差値が出ない1月に基礎力のベースが完成し、2月、本番独特の緊張感がプラスに作用して、勝負強くなっていくという勝負の型があります。この流れに乗れた子は、勝負（入試）が1つ、1科目終わるごとに、グングン学力がついていきます（一方で体力・気力は削られていくので、そのせめぎ合いとなりますが）。

だから、あまり大人が「この子はこんなもの」と決めつけないほうがいいし、最後まであきらめてはいけません。

1月の受験に失敗して、泣いたLちゃんも印象的でした。不合格を確認すると、近所の美容室に直行して、髪をばっさりカット。お母さんによると、次の2週間は猛烈な勢いで、僕が指導した『プラスワン問題集』と『メモリーチェック』、時事問題集で、まだできていないところを潰していったそうです。迎えた2月1日。まずは1勝1敗でした。2日、1敗。3日、1敗。しかし5日、広尾学園を受けて合格。偏差値40台（日能研）からの逆転勝利をつかみ取りました。敗戦をいくつも食らい、途中大泣きもしたそうですが、それでも5日の入試会場に向かっていけたのは、本人があきらめなかったから。

言葉にすると当たり前に聞こえそうですが、「あきらめない」は、大切な勝因。受験生は最後のテストの終了1秒まで、鉛筆を走らせる気概で戦い抜きましょう。

子どもの力は、最後の1日、最後の1秒まで伸びることができる。そのことを、まず親御さん自身が知って、わが子の伸びしろを最後の1秒まで信じてあげてくださいい。

入試の付き添いを「共闘感の薄いほうの親」にするとうまくいく

決して万人に当てはまるわけではありませんが、これもよくある、親子の距離感に関わる法則の一つです。

これまでの教え子たちでは、

「入試本番、お母さんが付き添いで行った学校は不合格。でも普段関わりの少ないお父さんと行った学校は合格」

という事例が、本当によくあります。特に、仲が良く一蓮托生《いちれんたくしょう》タイプの母娘に、このパターンが頻発します。

この法則のポイントは、お父さんにあるのではなく（失礼！）、**親御さんのうち、「普段関わりの少ないほう」と一緒に行くのがいい**ということ。

家庭によって、それがお父さんでもお母さんでも、数年間ガッツリ伴走してきた親御さんだと、お子さんによっては、へんに緊張してしまって、本番でいちばん用心したい精神的な力みを生んでしまうようです。

入試期間中は、どんなに頑張ったとしても、思わぬ不合格の報を受けたり、テストのできが良くなかったりすることが起こります。こうなると、共闘してきた親子ほど一緒に動揺してしまい、負のループに陥ってしまいます。

数年前のMちゃんは、うまく不合格の連鎖を防げたパターンです。

僕自身もまあ大丈夫だろうと思って送り出した1月の埼玉受験で、まさかの不合格。その次の日に家に行ったのですが、Mちゃんばかりでなくお母さんまでが憔悴《しょうすい》し切っていて、家全体の空気がどよーんとしていました。実は訪問の時点で、僕はまだ結果を知らされていなかったのですが、玄関を開けた時に空気で悟ってしまった(泣)。

僕は座るなり、Mちゃんに告げました。

「そういうこともある」

「はい」

と、Mちゃん。

「まあ、伸びしろをなくし切って、次を受けよう。Mちゃんの場合は『中学への算数』をガチるしかないな。2週間で3冊やろう」

「はい」

追い込まれた時、自走モードが覚醒しやすいです。Mちゃんはその2週間で、本当に3冊を終わらせました。

そして、迎えた本番当日。仕事を休んだお父さんの付き添いで、大本命校の豊島岡女子へ。その結果、合格することができました。後日、

「事情をよくわかっていないお父さんと行ったから、本人もリラックスできたみたいです」

と別人のように笑いながら、お母さんが報告してくれました。

中学受験は親子の戦い。しかし、ともに「兵士」になっては、共倒れしてしまいます。チームの戦い方として、兵士と軍師、そして応援の旗振り役と、上手に役回りを分けてこそ、勝ちを取りにいけます。

親が怒っても子どもの成績は伸びない

親が怒って成績が上がるならば、僕も怒ることをおすすめします。

しかし、家庭の中でのケンカ、悪口、大きな声は、成績が上がるどころか中学受験においてもマイナスにしかなりません。

もちろん、ままならない生活の中、怒らずにはいられない、そのお気持ちもお察しします。夫婦関係も、家庭それぞれで事情があるとは思います。

しかし、子どもとは励まされることでしか、本当には伸びていきません。

特に**中学受験生に対しては励まして、励まして、励まして、励ます**。

どうしても言いたいことがあるならば「ボヤキ調」でいきましょう。

「うーん。つるかめ算、ミスったか。惜しいなあ。途中式は合っているんだけどね（＝過程は認めている）」

「そうか。精算と清算を間違えたか。漢字は毎日やらないと厳しいなあ。算の字はしっかり書けたのにね（＝過程は認めている）」

などです。

お子さんを全否定しない内容を添えて、言いたいことはチクッと一刺し。全体をボヤきながら、やんわりと伝えていくのがコツです。

これでダメなら、あとは本人が痛い目に遭《あ》うしかありません。

「自分でなんとかしないと！」

と心底思い知るならば、それはそれで、素晴らしい人生体験であり、ギフトです。

親は覚悟を決めましょう。その雰囲気で、子ども自身が察することもあります。

「勉強、全く見られません」という親のほうが案外受験はうまくいく

夫婦仲が良いに越したことはありませんが、夫婦揃って、子どもの中学受験に熱心だと、意外とうまくいかないことのほうが多いというのが、僕の実感としてはあります。

どちらかが勉強を見るならば、どちらかは完全なサポートに回るか、「我関せず」

くらいのほうが、戦うチームとしては、バランスが良くなります。

父親か母親のどちらか、もしくは両方がつきっきりで指導している家庭なども実際にあります。サピックスなど放任型の塾に通わせている、もしくは塾に通わせずに家庭学習をしているなどの事情がある場合で、これはこれで戦い方の一つです。

しかし、親御さんの中には、このような家庭と自分たちを比べてしまい、

「私は中学受験も経験してないし、内容が難しすぎて、全然、子どもの勉強を見てあげられないんです」

「私は親としてダメなのでは」

などと、訴えてくる方もいらっしゃいます。

大切なのは、**勉強を見ることだけが、中学受験生のサポートではない**、ということ。健康面や食事、メンタルの支援も、お子さんにとっては必要で重要なことです。

要は塾、家庭教師、学校も含めて、どのように手分けして、戦うチーム体制としてバランスよく配置するか、ということです。家庭によって、適正な人員配置は全く違

いますし、他の家庭と比べる必要はありません。

その意味で、最初から、

「勉強が全く見られませーん」

と、あっけらかんと明快な親のほうが、子どもも自分でやるしかなく、自立しやすくなります。親子の役割を分けやすく、戦略も立てやすいでしょう。

ちなみに、僕の場合もそうでした。

「あれ？　うちのオカンは頼りにならないかも」

と小学4年生の時に気づいたのですが、それが自立の始まりでした。

親が頼りないほうが、子どもはしっかりします。逆に親がしっかりすると、子どもは甘えて頼りなくなってしまいがちのようです。

「他の家庭のように、あまり自分が見てあげられない」と悩むくらいなら、あまり気に病まないで、ご自身の家庭ならではの作戦を立てていきましょう。

「よその家庭もこんなもの」と知ると、プレッシャーは幻となる

「うちの子、全然やっていないかもしれない」

「こんなレベルでいいんですか」

とは、訪問先の家庭で、親御さんからよく聞かれる言葉です。

こんな時、僕は、

「大丈夫ですよ。他の家庭もこんなものです。良くやっていると思いますよ」

とお伝えします。すると、どんな方もホッとした表情をされます。

実際、どの家庭もたいがい「こんなもの」なのです。

しかし親御さんたちは、中学受験のよくわからない雰囲気に呑《の》まれてしまい、他の家庭（の表面）と比べたり、「私は親としてできていないのかも」などと勝手に思い込んだりして、妙なプレッシャーを受けてしまっています。

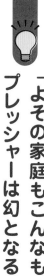

中学受験は、自分たちで「今できること」をやっていけば、まず大丈夫です。**何よりも大切なのは、親が自分の子どもを信じていること**。子どもも親を信じられること。

親子として信頼関係をちゃんと築けているかを気にしてほしいです。

そのためにはまず、親が、目の前の子どものことをもっと信じて、尊敬してあげてください。

親が感じるプレッシャーの9割は、自分自身が勝手に生み出したもの。中学受験の幻影に怯《おび》えないで、勇気を持って、自分たちの道を進みましょう。

親の苦労をチラ見せすると、子どもが覚醒する

子どもには苦労する親の背中を見せましょう。

子どもは中学受験の渦中にあります。どんな子も毎日、言葉にならない負担感の中で生活しているのは事実です。ということは周りも見えにくくなっているものです。

そこで、親御さんもお子さんに、仕事の話をしたり、たまにはグチったりしてみて

ください。

お子さんが「親も大変なのだ」となんとなくでも感じることは、「人に配慮する」というきっかけや、意識への刺激になります。

気にしすぎる子もいるかもしれません。しかし、他人の大変さに思い至るようになると、子どもも覚醒し、成長していきます。

「他人を推しはかる」力と、成績(特に国語)は正比例の関係にあります。

実際に成績が上がったり、苦労の末に合格したりする子は必ず、親への感謝の言葉を口にしたり、または言葉にできなくても、そのような思いが湧き上がったりするものです。

といっても、くれぐれもチラ見せ程度にとどめて、子どもの気づきを待つこと。決して押しつけがましくならないように気をつけましょう。

お父さんがお母さんを、お母さんがお父さんをバカにしない

お父さんがお母さんのことを、

「学歴がないから、頭が悪い」

などとバカにしてしまうタイプの家庭が、世の中にはたまにあるようです。

また逆に、母娘などが結託して、お父さんのことを、

「パパは何も受験のことをわかってないから」

などと見下している家庭というのもあるようです。

僕の前ではあからさまではないにせよ、なんとなくそういう口ぶりや雰囲気というのは、子どもとのやりとりからも推しはかれてしまうものです。本当に怖いです(笑)。

「親が怒っても成績は伸びない」と言いましたが（168ページ）、思いやりのない

言葉は、自分に向けられたものではなくても、それを耳にした子どもの心を傷つけます。

そして、見えない傷が重なっていくと、子どもの「受験に立ち向かう力」をも削《そ》いでいきます。これは家族というものを、親や学校、塾の先生とも違う、ナナメの関係から見てきたからこそ、よく見えてしまう光景です。

実際に、上から目線の物言いや雰囲気が、そこはかとなく感じられる家の子を見ていると、

「あまり受験結果は良くないかもしれない」

と思ってしまうし、実際にその通りになっていくことが多いです。

受験とは、学力だけではなく、見えない運やツキを味方につけて、合格していくものと言いました。いやむしろ、**学力よりも、運やツキに左右されるほうが大きいのかもしれません**。

運やツキとは、めぐりの良さという言葉でも表現してきましたが、良いタイミングで良い教材に出会う、良い先生に出会う、良い学習環境に出会う、良い学校に出会う

ということです。同じものに出会っても、タイミングが悪かったために伸びない子もいます。

めぐりの良さとは、水のような「流れ」だとイメージしてください。人をバカにする態度や言葉は、この流れを澱《よど》ませてしまうのです。

特に家族に対する態度は、遠慮がなく甘えが出てしまいやすいので、なおさら人としての本性が試されます。上から目線で家族を傷つけると、結果的に、その家庭の流

中学生になったら“アイツ”との戦い

見事合格を
勝ち取って
中学生になった
生徒たち
合格のお祝いに
スマホを
買ってもらう
生徒も多数！
やがて
アイツが
やってくる……
ヒタ…
スマホゾンビ！
スマホォ…
くれぐれも
ルールの
取り決めを〜！

れが澱んで、めぐりが悪くなっていきます。

家族に対する何気ない一言に、少しでいいので意識を向けてください。家の中での、無意識の発言に気をつけるだけで、流れが変わります。そして、実際に中学受験という戦いの潮目も変わることを、ぜひ体験してみてほしいと思います。

お子さんの成績ややる気と全く関係ないようですが、深く深く影響しています。

「こんなところで満足してはダメ」はダメ

「こんなところで満足してはダメ」

日ごろから、こんな言葉を口ぐせにしていませんか。僕が観察する限り、このような発言は、お父さんに多いようです。

お子さんを叱咤激励したくなる気持ちはよくわかります。

例えば小テストで満点を取ったら、子どもは大喜びするでしょう。しかし親としては、本当のゴールは志望校合格。今の時点で志望校のレベルに全く届いていないのなら、

「おいおい、油断しないでよ」

という気持ちが湧いてきて、つい一言、たしなめたくなるものです。

しかし、そこはグッとこらえて、お子さんにも自分にも、ＯＫを出してあげましょう。


今の子たちは決して粘り強くありません。戦い続けるためには、小さな満足を積み重ねていくほうが心理作戦としては有効です。

お父さんやお母さんから見て、「こんなところ」「こんなレベル」であっても、そこに到達した子どもの努力をしっかりとほめ称《たた》えましょう。小さな満足を積み重ねていくほうが、メンタルも潰れずに、親子ともにラクになります。

ゆっくり、ゆっくり、底堅い自信を育んでいきましょう。

ほめる時は「過程」をほめる

お子さんがテストで満点を取ったとしましょう。その時、どのような言葉でほめてあげますか。

「満点だったの！　すごいね」

は、ほめ方としては△です。

これは数々の子育て本や自己啓発本、人生論を読み、またうまくいっていない家庭を見た上での見解なのですが、**ほめる時は、結果よりも過程のほうに注目してコメントするといいです**。例えば、

「すごい！　今月は頑張ったもんね」

「今週は2回も自分から予習していたからね」

などです。

逆にテストのできが悪かった時も、点数（結果）のことを言うのではなく、

「今週は忙しくて宿題がちゃんとできていなかったよね」

「最近、計算ドリルが甘かったのかなあ」

などと、あくまで過程についてのコメントにとどめるようにします。

「満点（結果）だけをほめる」のは、子どもにとっては、究極「99点以下はダメ」と

いう裏メッセージにもなり得ます。80点であっても、とても頑張った、前回60点だったのにすごく伸びたという経緯があるかもしれないのに、そこを否定することになってしまいます。

また、テストの順位という結果でほめることも避けたいです。

順位をほめると、人より優れることを良しとする「優越感」を植え付けることになってしまうからです。

「優越感」は自信とは違います。常に人と比べることを前提として、自分の価値を測ることになるので、その子にとっての本当の自信は育たなくなってしまうわけです。

テストの点数や順位についつい一喜一憂してしまうお父さん、お母さん。もちろん頑張って結果が良かった時は一緒に喜んでいいのです。

ただほめる時には、

「結果ではなく過程を見よう」

ということは知っておいて実践するようにしましょう。

親に楽しみがあると、子どもは受験に強くなる

お父さん、お母さん、今中学受験ばかりに注目して、肩に力が入ってしまい、眉間《みけん》にシワが寄っていませんか？　たまにはお子さんのことを離れて、気分転換をしましょう。

カラオケでも水泳でも、スイーツ食べ放題でもいい。とにかく「楽しみ」をお持ちください。**親がおおらかでいる、もしくはおおらかなフリをすると、子どももおおらかになって、結局戦いに向かう気持ちも強くなっていきます**。これは、アドラーの心理学でも紹介されている法則です。

中には「子どもが勉強しているのに、自分だけ楽しんだら悪い」と話す親御さんもいらっしゃいます。

たしかに、あまりにこれ見よがしにならないようにとは思いますが、そのあたりは程度を見ながら、上手にやりくりしましょう。要は、親御さん自身が心の余裕を持っているかどうか、です。のほほんとした親御さんの顔を見るだけで（のん気なフリを

しているだけだとしても）、不安な子も、

「うん？　私も大丈夫かもしれない」

などと、なんとなく思えてくるものなのです。


親御さんは「軍師」。「兵士」たるお子さんの戦いの全体を見渡す、冷静な目を決して忘れてはいけません。そしてその姿勢をキープするには、軍師自身がコンディションを整えていなくては、役目も全うしづらいです。睡眠をとり、楽しみを持つのも仕事のうち。中学受験という戦いの最中であるからこそ、なるべく心身ともに健やかにお過ごしください。

COLUMN 3

僕のバンド活動を応援すると合格します（笑）

「親に楽しみがあると、子どもが受験に強くなる」と言いました。

楽しみの一つとして、推し活もおすすめです。人を応援する気持ちはメンタルを明るくして、明日への活力になるでしょう。

特に推しがいないという方、僕のバンド活動を応援するのはどうでしょうか（笑）。

僕は、家庭教師の他、戦国バトルメタルバンド「Allegiance Reign（アリージェンスレイン）」のベーシストも本気でやっています。

これは決して販売戦略でも誇張でもないのですが、効果も上々です。CDを買ってくれたり、ライブに来てくれたりすると、その家の子は合格します！（今のところ）

おそらく、家庭教師という一時の縁であっても、その人間を応援するだけの度量を親御さんがお持ちだということ。それが結果として、この章で何度も話した、家庭全体のおおらかさにつながっていくのだと思います。

これからも、受験指導と音楽活動、両方を全力で頑張っていきますので、応援、よろしくお願いいたします。

第3章

中学受験を超えて、人生の奇跡を起こす法則

中学受験残念組にも次の奇跡がある

どうにもならない運命で、中学受験が残念な結果に終わってしまう子もいます。

「頑張ったけれど、無理だった」

という挫折は、その時はショックで苦しくても、必ず、将来の糧《かて》になります。中学受験で「奇跡」はやってこなくても、受け止めて乗り越えた先には、必ず次の奇跡が違う形でやってきます。

もし、今その渦中にいて、このページを読んでいる方がいらっしゃったら、ハセガワはきれいごとを言っている、と思われるかもしれません。

しかし、僕は20年以上、多くの教え子たちの行く末を見守ってきて、やはり、中学受験は、その子の人生の通過点に過ぎないのだとお伝えしたいと思います。

本当に大切なのは中学受験でもなく大学受験でもなく、子どもたち一人ひとりの人生です。

この章では、受験の「あと」を見据えて、今僕が考える、人生の「法則」を紹介していきます。夢実現に向けて、子どもの人生全体を見据えるためにぜひお役立てください。

この章の最初に、少し長くなりますが、中学受験ばかりか高校受験も現役での大学受験も残念組だった、Nくんの話をさせてください。

〈Nくんの話〉

Nくんと出会ったのは、彼が小学5年生だったころ。僕がまだ今のように忙しくない時代でもあり、毎週指導に行くことになりました。

Nくんの家庭は、こう言っては悪いのですが、いろいろと問題がありました。過激で不器用な言葉遣いのお父さん、収入が高くプライドの高いお母さん、ブータレの妹、そして自信なさげな兄。この兄が、Nくんです。

Nくんの才覚は正直超悲惨で、成績もどん底のような状態でした。まともな授業になった記憶がほぼないです。休憩時間にはテレビを見てしまうし、いざ勉強を始めても僕の言うことは聞かないし、口答えや、何のかんのと言い訳をしてはやりません。

声を荒らげて怒ってもダメ、なだめすかしてもダメ、強引に連れ戻してもダメ、ナメられないようにすることで精一杯。しかし、親が帰ってくる授業終了30分前になると、突然人が変わったようにおとなしくなり、机に向かいました。

僕の場合、この仕事（家庭教師）は基本、嫌になることがないのですが、この時期のこの家庭だけは、毎週行くたびに心が重かったものです。

が、数ヵ月通う中で、Nくんにもかわいそうな事情があることが見えてきました。この子が頑張れないのは、親が厳しすぎる面があることが大きい、ということがはっきりわかったのです。毎日、この兄妹は親の厳しい叱責や体罰におびえながら、家の手伝いなどもこなし、勉強もつまらないけれどつまらないとは言えず（「わからない」とも言えていなかった）、どんどん問題が複雑化していることがわかりました。その反動で、親の見ていないところで羽を伸ばしすぎるきらいがあったのです。

そこで、僕はいろいろと察して、イソップ寓話の「北風と太陽」で言うところの「太陽」になることを決めました。太陽作戦が効いたのか、1年しかない中学受験の勉強も最後のほうはちょっとやるようになりました。しかし本番では滑り止め校も含め全滅。公立中学に進学することになります。
これで終わりかと思っていたのですが、その後、お母さんから連絡をいただいて、中学入学以降も引き続き指導することになりました。

中学生になると、Nくんもさすがにクソガキではなくなりました。ですがここで、僕はヤツの「才能のなさ」を痛感してしまうことになります。普通に机に向かうようにはなったのですが、15分と集中が持たない。ちょっと目を離すと、ケータイやゲームをいじっている。本人もだんだん荒れてきて、親も叱責が多くなり、家出を繰り返すようにもなりました。お母さんは自分の仕事があるのに、深夜の街を探し歩いて何度も連れ帰っています。体力もついて、親の力では躾《しつけ》ができない状態になっていたのです。

中3になって高校受験が迫ってくると、さすがに少しは勉強をするようになっていたのですが、そんな中、親は少しでもハッパをかけたいと「日比谷高校とか目指してみろ」などと、非現実的なことを言います。彼もそれを信じていったんは努力しようとはするけれど、全く結果が出ず、そのギャップに現実逃避をする、この繰り返しでした。サボりまくったツケが回ってきていて、真面目に取り組んでも、思うように点数が出なくなってきました。

　この時期、Ｎくんは家族とのやりとりの中で大泣きし、取り乱すこともありました。しかし今思えば、家族の前で大泣きできるようになった時から、ちょっと変わったとも言えます。彼なりに自分の不甲斐なさを感じ始めていたからです。

　そんな感じで迎えた高校受験。残念ながら、中途半端なレベルの高校にしか受かりませんでした。


　しかし、高校入学後は少し様子が変わりました。彼なりに「頑張ったけれど、無理だった」という初めての経験ができたこともあり、学歴や大学、自分の将来に興味を持つようになったのです。

　そこで、僕からも、知り合いのバーベキューに誘ったり、コミケ出展時に強引に声をかけたりしました。人生を楽しんでいる、良い（？）大人の見本を見せたかったのです。その結果、Ｎくんも、

「僕もこういう大人になりたい」

という具体的な目標を持ち、そのためには仕事もまともにしないといけないこと、大学もできればいいところを出たほうが有利なこと、などを理解してくれたようです。また、大人たちから励ましの声をかけられることで、心も少しずつほぐれていったように思いました。

言っておきますが、これまでも、Nくんの両親の愛情が乏しかったのではありません。やや不器用で（親子とも）、うまく伝えられていなかっただけです。ちょっとした言葉の、なんと重要なことか。僕自身も反面教師的に学ぶ体験となりました。

しかし、彼が高校在学中に、お母さんが倒れ、重篤な脳の病気になってしまい長期入院を余儀なくされるという事態が起こります。そこからお父さんが家事の一切を行い、長男である彼も介護用品を病院に届けたり、その一方で妹は中学受験があったりと、Nくんの家族にとって大変な時期が始まりました。

このことがあってから、この家族にはいろいろと気づきが起こり、団結して物事に当たるようになっていきました。お父さんも高圧的な物言いがなくなり、妹も自分から勉強をするようになって、持ち偏差値よりはかなり上の学校に合格しました。

そして、彼は高3になりました。進学した高校では一応頑張っていて、中の上といったところ。彼は、国公立大学を目指すことを宣言し、勉強するようになります。

しかしです。やはり、中高6年間の重みは違いました。ちょっと本気になったくらいで、中高一貫の進学校の子たちに割って入ることなどできません。僕があれだけ教えたにもかかわらず、Nくんは勉強のやり方を、全く会得していなかったのです。サピックスの小学生でも初回からできるようなことが全く身についていませんでした。

僕も根気よく指導し、彼もよく努力しましたが、現役での大学受験は惨敗。国公立大学どころか、E・Fランクの私立大学に一つも受かりませんでした。ただし「自分で勉強する」というベースは、ようやくでき上がっていました。

そして、浪人生活へ。

Nくんは、自分の生活習慣をガラリと変えました。起床は朝5時。志望大学のカフェテラスに行って勉強。好きだったコーラをやめ、ミネラルウオーターを飲むようにもなりました。彼なりに「できること」を考えて全てやった、1年後。結果として明治大学の他、早稲田大学政経学部に受かったのです。

その一報を受けた時、Nくんから「見捨てずにいてくれてありがとうございました」という言葉をかけられ、僕はその場で泣いてしまいました。

「運は〝運ぶ〟という字を書く」

129ページでも紹介した恩師の言葉が、僕の頭をよぎりました。まさに、彼は運を努力で運んできおったな、と思ったのです。

中学受験も高校受験も残念組で、Fラン大学も落ちた彼が、今は早稲田大学生となり、間違いなく、大きく人生を好転させました。

彼の本来の性格は気遣いが非常にできるタイプで、礼儀もしっかりしています。また挫折を繰り返す中で、努力の意味や、報われない努力の意味を知り、他人にも優しくなりました。今後は社会人として大成していくでしょう。

やはり、中学受験は通過点に過ぎません。Nくんの事例を参考に、長期的な目線で、お子さんの、そしてご家族の人生を考えてみるきっかけにしてくださったらうれしいです。

中学受験には「エセ奇跡」もある（深海魚問題）

中学受験は通過点であり、残念組にも次の奇跡の可能性があると言いました。実は、この逆で、中学受験でたしかに良い結果を得られたのに、入学してから失速してしまう、というパターンもあります。

いや、どんなに熱望していた憧れの学校に入ったからといって、6年間、無傷でいられることはあり得ません。

多感な時期ですから、入ってから「こんなはずではなかった」と落ち込んだり、人間関係のトラブルや自我の問題に悩まされたりするものです。

失速は想定内であり、極めて健全なこと。挫折を力にして、乗り越えてほしいところですが、怖いのは、自力では浮上できない子が中にはいることです。

成績もメンタルも深い底に沈みっぱなしになってしまう子を「深海魚」と呼ぶそうですが、正直、年々このタイプが増えている感があります。

せっかく志望校に入ったのに、中学生になってから落ち込んでしまった子の指導に行くこともあります。

言いにくいのですが、こういう子たちの中には、お父さんやお母さんが熱心で、手取り足取り中学受験をサポートしてあげていたタイプが多いです。もちろん、塾のお世話焼き度合いが低く、手を貸さざるを得なかったという面もあったかもしれません。その支援がなければ、合格も難しかったと思います。

しかし結局、本人にとっては、受験が本当には「自分ごと」になっていなかったのだと推察します。

こういう子たちが中学に入った途端に、親や塾の管理から解放されます。そこで自立できるならばいいのですが、どうしていいかわからなくなってしまうわけです。

ここ数年はコロナ禍も重なり、さらに条件としては悪くなりました。学校の目が行き届きにくくなり、先輩や同級生との交流も、質の面でも量の面でも乏しくなってしまったからです。

現在状況は好転もしていますが、それでも、この影響はしばらく続くものと思われます。

いずれにせよ、中学受験の合格ばかりに目を奪われていると、見失うものがあることを、親は頭の片隅に入れておきましょう。

これからは「コミュ力オバケ」がスターになる

「東大卒」という学歴は、僕の人生をおおいに助けてくれています。

家庭教師としてはもちろんのこと、もう一つの本業である音楽活動では、あまりいないので目立つし、珍しがられてきたからです。

しかし、ここでお伝えしておきたいのは、**もうすぐ「学歴」が効力を発しない時代がくる**ということです。

これまでは、学歴とは、それまでの勉強量や頭脳のレベルをある程度無言で証明するものでした。

しかし、今ＡＩ技術が発達し、まもなく人間の脳と同レベルのＡＩが誕生すると言われています。となると、「頭が良い」とか「優秀」といった要素に、あまり人は重きを置かなくなってくる。では、人間には何が必要となり、目標となっていくのか？それを、僕は「コミュニケーション能力」だと考えています。

デジタルやAI技術の発達で、多くの人がそれなりのものを作ったり、発信したりできる世の中です。技術的なことよりも、どれだけの人を巻き込んだり、組み合わせたりしていけるのかが世の中を動かす原動力になっていくし、それこそが人にしかできないことなのでしょう。

僕が今まで知っている子の中で、特にコミュニケーション能力に長《た》けた子といえば、61ページで紹介した、毎朝、ガンダムを見てから勉強したEくんです。

彼は中学入学後、学年で下から5番という成績になってしまい、僕が再び呼ばれて以来、長い付き合いとなりました。

Eくんはもともと、4タイプで言うところのおませタイプ。人の顔色や空気を読むことに長けていて、甘えることが上手です。

Eくんは慶應大学生となったのですが、最近、自らサークルを立ち上げるということをやってのけました。

あまり「自分が自分が」という〝陽キャ〟ではないのですが、人と人とをくっつける、接着剤のような役回りを、うまく果たしているようです。ネガティブなことがあっても「そうっすね」と言いながら、流してしまいます。人に嫌なことも決して言いません。

僕は冗談めかして、「コミュ力オバケ」と呼んでいるのですが、今後は彼のようなオバケが、世の中を動かしていくのだと思います。

ネットの世界では、過激なことを言ったり表現したりする人が、良くも悪くももてはやされます。しかし浮き沈みも激しく、思いやりのない人は本当には残っていきません。

人を大切にして配慮できる人が、これからの時代は残っていけるし、コミュニケーション能力に長けた人こそが「スター」になっていくのではないかと思います。

といっても、先行きが不透明な世の中を渡っていくための知力、思考力のベースとして、基礎的な「学力」はやはり有効です。

あと数年くらいは、このニッポンにおいては、家庭の経済事情が許すならば、中学受験はしたほうがいいでしょう。

学力をつけるためには、中学受験をして一定の知識をつけ、中高一貫校のカリキュラムで学ぶほうが圧倒的に効率的だからです。残念ながら、今の公立中学校と、ほとんどの公立高校のシステムはあまりに非効率的。無理ではないにせよ、子どもたちの負担が大きくなっています。

さらに、今の時点では、学歴も高いに越したことはありません。今はまだ、大卒という学歴を持ったほうが、生涯年収は上がり、世間の見えない信用度も上がる社会です。特別な才能もとびきりの外見も持ち合わせない子は、高学歴を得たほうが生きやすいのは間違いありません。


しかし、重ねて言ってしまいますが、この論理も近い将来、終焉《しゅうえん》します。

このあと、どんな世の中になるかは、世界の誰にもわかりません。

子どもたちには、人類史上もっとも激動となる時代を生き抜くため、学力をベースに、バランスの取れた「思考力」を持ってほしいと思います。

そして、人としてのコミュニケーション能力を武器に、どんどん世界を良い方向へ、自ら動かしていってほしいと思います。

このような未来予想図からも、親御さんは、今お子さんが中学受験をする意味をお考えください。

中学受験は惜しみなく主体性を奪い、惜しみなく主体性を育む

これからの世界では、学歴の意味合いがどんどん変わってくるでしょう。

となると、現在すでに学歴があまり必要とされない、センスや才能の世界で食べているという親を持ったほうが、子どもにとっては生きやすいかもしれません。

僕の周りに多いのもありますが、例えば親がバンドマンだったり、芸人だったりする子はいいなと思います。自分の才覚を自分で磨いていくしかないという、主体性の塊のようなお手本が身近にあるからです。


多くの中学受験生とその親を見てきて思うのは、親子の主体性を惜しみなく奪うの

が中学受験である、ということです。

大手塾や関連団体もビジネスである以上、情報の洪水で不安を煽るだけ煽って、お金を取れるだけ取ります（下品な言い方ですみません！　しかし一面で真実ではあります）。

その大手塾の支配下で、「主体性」を持てる親とその子どもは、やはり強いです。不安に流されないで、自分たちはなぜ中学受験をするのか、どうしたらいいのかを自分たちで考え、志望校に入るための行動を重ねていけるからです。


僕は思います。

中学受験は親子の主体性を奪いますが、同時に、**心がけ次第で、主体性を惜しみなく磨けるのも中学受験である**、と。

長い人生という視点から見たら、中学受験はほんの通過点に過ぎません。でもこの時間を、主体性を手に入れる経験にできたのなら、こんなに素晴らしいことはないし、その後の運命は必ずや変容するでしょう。

それでは、どうしたら主体的になれるのか？

その糸口として、この本では奇跡の法則を紹介し、行動のヒントになればと、マンダラチャートを提案させていただきました。

しかし**ゴールは、マンダラチャートの完成では決してありません**。

今行き詰まってしまった親子が見失っているかもしれない「主体性」。それを取り戻すことが、僕がいちばんお伝えしたいことであり、切なる願いでもあります。

ここまでに紹介した法則のたった一つでもいい、「これならできる」と思うことを参考に、自分たちで決めて実行していただけたらうれしいです。

実例　マンダラチャートを作ってみた

皆さんがマンダラチャートを作る際の参考になるよう、次ページに小学6年生の教え子とお母さんが制作した実例を紹介します（ご協力ありがとうございました！）。

各ご家庭でも、お子さんは志望校合格に向けて自分の行動を、親御さんは「親としての行動」を考えるために、冒頭につけた口絵をコピーするなどしてマンダラチャートを完成させてみてください。親子で1枚にしてもいいでしょう。

いざ書き始めると、思っている以上に時間がかかるという方も多いです。一度に完成させる必要はありませんし、最終的に埋めきれなくても大丈夫です。

前にも言いましたが、マス目に書き込むことはどんなに小さな行動でもかまいません。また、本人が一生懸命考えた上で書いたのなら、「それは違うのでは」などと言いたくなってもぐっとこらえ、尊重する心をお持ちください。

口絵ではわかりやすいように、志望校合格の要件として「読解力」「メンタル」など8要素を設定しましたが、これも自由に書き換えてもかまいません。

自分を見つめ、考えて書く。その過程が、壁を打ち破る力になっていくのです。

テニスを頑張る小6女子の場合

問題文をしっかり読む	落ち着く	他の人が読める字を書く	本を年に10冊は読む	テストに出た本を読む	分からない単語はすぐに調べる	自分のレベルに合ったことをする	一気にいくつものことをしない	適度な休憩
途中式を省かない	ケアレスミスをなくす	整理整頓	本の内容を要約する	読解力	読み飛ばさない	予定を組む	集中力	スマホを親に預ける
大切な部分に線を引く	解答前に何が問われているか再確認	残り5分で焦らない	いろいろ想像しながら読む	楽しんで読む	友人に推し本を紹介	睡眠7時間	毎日軽い運動をする	机のまわりをきれいにする
テストの点数を予想する	勉強に本気で取り組む	どんな人間でありたいか考える	ケアレスミスをなくす	読解力	集中力	自問自答	夏までに『プラスワン』終了	難問もトライする
日記をつける	自分を知る	いろんな分野の本を読む	自分を知る	女子学院合格	思考力	図や途中式をしっかり書く	思考力	模試は課題を決めて受ける
好きな学校を考える	積極的に出かける	いろんな人と話してみる	スピード	体力&メンタル	人間性	常に疑問を持つ	自分の行動と言葉に責任を持つ	想像しながら図などを書く
百マス計算をする	集中してやる	ためらわずに取り組む	テニスを続ける	毎日素振り100回	早寝早起き	あいさつする	あきらめない	応援してもらえる人間になる
時間を計る	スピード	時計を見る習慣	テスト結果に一喜一憂しすぎない	体力&メンタル	好きなアイドルを推す♡	感謝を言葉にする	人間性	素直になる
1問に時間をかけすぎない	「朝日小学生新聞」を読む	文房具を見直す	筋トレ	朝食をちゃんと食べる	前向きになる	努力を惜しまない	全力でやる	答案をきれいに書く

小6女子のお母さんの場合

日常生活のルーチン化	ストレスをためない	早寝早起き	息抜き	よく話す	悩みすぎない	なるべくけんかをしない	毎日楽しく	大きい声を出さない
適度な運動	**生活習慣**	健康的な食事	笑う	**親の心身安定**	割り切る	臨機応変な対応	**家庭環境**	アンガーマネジメント
整理整頓	姿勢を正しく	手洗いうがい	先生に相談	思ったことをため込まない	適度に動く	お手伝いをしてもらう	経済の安定	みんなで協力する
他と比べない	結果に拘らない	計画を立てる	**生活習慣**	**親の心身安定**	**家庭環境**	本人が気に入るか?	HPを見る	見学に行く
一問一答	**学習計画のサポート**	宿題の管理	**学習計画のサポート**	**中学受験の成功**	**学校選定**	共学か別学か決める	**学校選定**	学費
先生に相談する	苦手分野伴走	声がけ	**基礎固めのサポート**	**読解力のサポート**	**運気UP**	資料集め	出題傾向	通学時間
コツコツくり返させる	計算練習のチェック	解き直しをうながす	気になる言葉はすぐ調べる	本を読む	流し読みしない	思いやり	笑顔	あいさつ
手を広げすぎない	**基礎固めのサポート**	苦手をそのままにしない	ニュースを見る	**読解力のサポート**	相手の気持ちになって読む	親切に	**運気UP**	感謝の気持ち
丁寧に書かせる	線を引かせる	図を書かせる	何を感じたか意見交換する	メモをする	線を引く	明るく・元気に	身のまわりを清潔にする	物を大事に

親子の受験戦略年表

ふと不安になったとき、〝現在地〟を把握できるように「受験戦略年表」を作りました。大きなゴールが「計算力」「読解力」「体力」「習慣」をバランスよく身につけることに向かっていれば大丈夫（前著『自走モード』の4要素でもあります）。自分たちなりの作戦で、焦らず進みましょう。

幼児期

健やかな体づくりに注力できればOK
絵本も身近に置いて楽しんで

- 自然の中でたくさん遊ばせる
- 体を使って遊ぶ。体力をつける
- 読み聞かせなどで、本が「好き」「楽しい」に導く

幼児期は「好奇心を思う存分満たす」という体験が心を育むベースに。親は、子どもの行動を制止せず、見守り続ける機会を意識して持てるようにしてみましょう

小学1年生・2年生

外遊びと自然体験推奨。読書、計算力の土台づくりも意識すると、あとがスムーズ

- 引き続き外遊びをおおいにさせ、できる範囲で自然に触れる体験を積む
- 「計算力」の土台をつくる（近所に公文があれば利用したり、自宅で「百ます計算」をやったりする）
- 読書の楽しみをひたすら体験させる
- 宿題だけは遊びに行く前に終わらせる習慣をつける
- 習い事をさせるなら、体幹づくりを意識したものをチョイスする
- 中学受験を考えるなら、近所にある塾調べをスタート

小学3年生

大手塾で本格的にカリキュラムスタート しかし、子どもの意志を最優先で！

- 体づくり（外遊びを中心に）や自然体験を、時間を見つけて積極的に行う
- 計算力をつける工夫をする

・読書を楽しむ
・中学受験について、親子で意志を確認し合う（確認は随時、続けていく）。常に子ども自身の「やりたい」を優先する
・体験授業やリサーチを経て、入りたい塾に目星をつけておく

（小学3年生）
秋ごろ

多くの大手塾で入塾テストが本格化

・入塾テスト対策として、テストの2～3ヵ月前から、塾の教材で予習する

ここで入塾できなくても、あわてたり落ち込んだりしないで。他の塾を探す、次の入塾チャンスに備える、または家庭学習を進めていくなど、自分たちの作戦で進んでいれば大丈夫です

（小学3年生）
2月

大手塾で「新小学4年生」としてのカリキュラムが開始

・入塾した場合は、塾をペースメーカーとして、学習を進めていく

小学4年生・5年生

入塾しない場合は、『予習シリーズ』4年上（四谷大塚）をマイペースに進められるといいです。それが出来なくても、「読解力」をつける読書習慣、「計算力」を養う演習、「体力」をつけるため運動をしておく。塾に入る、入らないに関わらず、結局これらが学力の土台になっていきます。

トライ&エラーで自分たちなりの勉強方法を見つけていく

- 計算力をつけ、読書を楽しむ
- 短時間で集中してできる、自分たちに合った勉強方法を試行錯誤する。親子で上手に「休憩する」ことも学ぶ
- 学校見学、文化祭見学をスタート（いろいろな偏差値帯の学校を見て回り、ここが好き、ここが嫌いを言い合っていく）

4〜6月（小学5年生）

「小5の壁」に注意

- 勉強量が増え、多くの子がキツく感じるとき。親子ともに決してあわてない、メゲないと心得ておく

この時期に算数でつまずく子は読解力不足であることが多いので、読書をしっかりするようにしましょう

（小学5年生）
夏休み

弱点克服の集中期間に

- 苦手だと思う科目、分野を自分なりに把握し、意識して勉強する（子ども自身が自分の弱点を自覚できるだけでも良し）
- ケアレスミスの傾向を分析し、防ぐための対策を考え、実践してみる

（小学5年生）
9月以降

スランプに陥ってしまう親子が増える

- 夏休みに頑張ったとしても、そう簡単に成果は現れない。「あんなにやったのに」などと親はあわてない

・つまずいた場合は①理社を固める②算数をやる③国語の漢字、語句だけをやる。まずは気持ちと態勢を立て直し、最終的には全てこなせるようにする

いつのまにか親の管理が強くなり、子どもが「やらされ感」に陥っていませんか？　子どもによって成長度合いは違うので、ハードな勉強をする体力・気力が備わっていないということもあり得ます。家庭によっては、中学受験をやめ、高校受験にシフトする戦略もアリです

小学6年

いよいよ入試本番へ 親はおおらかに、子どもを励まし続けて

・親はなるべくメンタル面でのサポートを主軸にしていく
・小6スタート組の戦略は本書40ページ以降を参考に

ゴールデンウイーク（小学6年生）

「読書ブースト期間」に

・芥川龍之介、夏目漱石など「ちょっと難しい本」も1冊は読む

（小学6年生）
4～7月

焦らず基礎固めを進めていく

- 目標として、中学受験の問題パターンを一巡する（本書94ページを参考に）
- 夏休みに向けて、本人なりに自分の苦手分野を把握する

（小学6年生）
夏休み

睡眠はキープして健康第一を忘れずに

- 1学期に把握した「苦手分野」を集中して潰す

お盆の時期に、行きたい学校の過去問を1年分やってみるのもおすすめ。テスト直しはしなくていいので、複数やって、どの学校がしっくりくるか、こないかを感じてみましょう

（小学6年生）
秋以降

志望校合格に向けてラストスパート

- 10月くらいから、行きたい学校の過去問を始める

・難関校志望者は、各塾のオープン模試を受けていく

小5の時と同じく、夏休みに頑張っても、その成果が現れるのは早くても10月から。直後の模試の結果が悪かったり、思うように成績が伸びなかったりしても、気に病まずに。入試本番まで戦い抜きましょう

（小学6年生）
12月

直前期、具体的な受験準備を抜かりなく

・志望校を最終確定する
・併願計画を決める（親は最悪の想定のシミュレーションをする。複数の併願パターンを考える）

（小学6年生）
1月

関西圏、埼玉、千葉他の入試期間

（小学6年生）2月

東京、神奈川の入試期間

受験が思うような戦績とならなかった場合でも、戦ったことは事実。親子で労い合いましょう。ほとぼりが冷めたら、経験を本人なりに分析できると、次の戦い（高校受験、大学受験）に向けて、より良いスタートを切れます

（小学6年生）春休み

しっかり骨休みするのを忘れずに

中学・高校6年間

大学受験とこれからの人生も見据えて
その子なりの「自信」を育てていく

- 定期テストは戦略的に受ける（本書45ページ）
- 本を読む（本書45・112ページ）

- せめて英語と数学だけはサボらない（本書46ページ）
- とりあえず東大を目指す（その真意は前著『自考モードにする中高6年間の過ごし方』を参考に）
- 部活や趣味、スポーツでなるべく体幹を鍛える

本人がやりたいと思うこと、好きなことに、どんどん挑戦させていきましょう。親は基本見守り、励ましていくのみ！

おわりに——誰も厳しくできない時代によせて

さて、講談社からは3冊目となる拙著をお読みいただきありがとうございました。1冊目以降、もったいないほどの大きな反響をいただき、また、コンサルがさらに増えたことで有名進学校などの実態にもより触れることができました。日々、ブログや配信、ライブなどで支えてくださっている皆様には感謝に堪えません。

本書では新たな僕の気づきとして「思いやり」の重要性を反映しました。また、かねてよりブログなどでは触れていたのですが、「運」や「人間性」も養育する視点がないと、結局は成績も伸びにくい、ということを大谷翔平選手のマンダラチャートを用いて、具体性をもって示すことができました。

巷にころがる受験系のほとんどの書籍やSNSなどは、受験のテクニックや情報ばかりで、「こうしないとダメ」「こうするのがお得」などといった、即物的な物言いが目立ちます。

できない子ができるようになる、しょぼくれている受験生やその家族がリアルに蘇生していく内面的メソッドが示されていません。どの本も、不安をあおり、一銭でも多く生徒やその家族からお金を搾り取ろうとするばかりです。こうしたほうが儲かるのはわかるのですが、それも狭い視野、近い未来だけの話に過ぎません。

僕は以前から、ブログでも不安をやたら煽るような物言いは避けています。それで人気がでないならそれでいいや、くらいの気持ちではや15年、ブログ「お受験ブルーズ」を続けています。

本当の意味で、親も子も安心させてあげたほうがその後の結果はよくなりますし、明るい受験生活になります。親も子も、明るく努力ができたのであれば、残念な結果であったとしても、受け入れることができるはずです。

また、子どもはこの時の努力で、中学受験後の人生で辛いことがあっても、乗り越えていく土台が築かれます。

つまりは、プロ目線で正しく根拠を示し、親御さんや子どもたちを安心させることができれば、前向きで明るい子が増えていくはずなのです。

前向きで明るい子が増えることは、社会の安定をもたらします。近年問題となっている問題行動や不登校でリタイヤする子の数が減れば、まわりまわって予備校や塾だってプラスになるのではないでしょうか。日本の将来だって明るいです。

僕から見た限りでは、近年の不登校激増の原因は明快で、「誰も厳しくしなくなった」ことにあると思っています。子どもたちが精神的に鍛えられる場がなくなったのです。特にコロナ禍でそれが加速されてしまいました。アメリカ的な個人主義や「自分らしく」生きることが最重要の価値観となり、昭和や平成に10代を過ごした人間からは信じられないくらい、誰も他人に対して厳しくできなくなってしまいました。ただこれはもう、時代の流れであり「受け入れるしかない」と僕は思っています。教師も親も、誰も子どもに厳しく接することができません。これはもう時代がそうなのですから、止めようがありません。

家庭で厳しくしようとしても、学校や塾は違うのですから、子どもは家とのギャップに苦しむかもしれません。逆に厳しい学校に入れても、そう接されるのに慣れていない今の子たちは、メンタルを病んでいくことでしょう。

従って、厳しくするのは「自分」です。子どもたち自身が自分で自分を律するようになってもらうしかありません。

それが自分でできる子は、簡単に競争に打ち勝ち、高い学歴や知性を手に入れ、自由な20代以降を謳歌することでしょう。

でも、これは難しいです。大半の子たちにとって、それは無理な注文です。なぜなら人間は弱い生き物だからです。自分に甘く育った子どもたちは、磨かれぬ自我の赴くままに社会で不適応を起こし、転職を繰り返したりして、そのたびに給与はどんどん下がり、幸せを感じにくくなるかもしれません。

ですから、自走ができるようにしておくことが大事なのです。

僕は思いやりを持った上で自走できる人材を、これからも育てていきたいと思っています。

2024年1月某日　長谷川　智也

〈参考文献〉

『人生の法則「欲求の4タイプ」で分かるあなたと他人』岡田斗司夫／朝日新聞出版
『ケトン体が人類を救う　糖質制限でなぜ健康になるのか』宗田哲男／光文社
『「お菓子中毒」を抜け出す方法　あの超加工食品があなたを蝕む』白澤卓二／祥伝社

長谷川智也（はせがわ·ともなり）

ブログ名ジュクコ。1980年兵庫県明石市出身。高卒の両親のもとに育つもハードな中学受験を経験。白陵中学校・高等学校を経て、東京大学現役合格。卒業後、大手塾に勤務、人気講師となる。2009年独立してフリーランスの「プロ家庭教師」に。既存の固定観念にしばられない、生徒個人を見つめた指導で数々の実績を上げる。独自のプログラム「究極の受験セカンドオピニオン·スーパーコンサル」は年間300件を超える申し込みが殺到する。甲冑メタルバンド「Allegiance Reign」のベーシストとしても本気で活動中。
著書には『中学受験　論述でおぼえる最強の社会』『中学受験　論述でおぼえる最強の理科』（エール出版社）、『中学受験自走モードにするために親ができること』『自考モードにする中高6年間の過ごし方』（講談社）などがある。

公式ブログ　https://ameblo.jp/jyukuko/

中《ちゅう》学《がく》受《じゅ》験《けん》 奇《き》跡《せき》を引《ひ》き出《だ》す合《ごう》格《かく》法《ほう》則《そく》
予《よ》約《やく》殺《さっ》到《とう》の東《とう》大《だい》卒《そつ》スーパー家《か》庭《てい》教《きょう》師《し》が教《おし》える

2024年03月19日　第１刷発行

著　者　長谷川智也《はせがわともなり》
発行者　清田則子
発行所　株式会社 講談社
〒112-8001 東京都文京区音羽2-12-21
電　話　販売（03）5395-3606　業務（03）5395-36151
編　集　株式会社 講談社エディトリアル
代　表　堺 公江
〒112-0013 東京都文京区音羽1-17-18 護国寺SIAビル6F
電　話　編集部（03）5319-2171

印刷所　株式会社KPSプロダクツ
製本所　株式会社国宝社

ISBN978-4-06-534703-4